GUIDE
DE L'ISLANDE
D'INDRIDASON

Alexander Schwarz

GUIDE DE L'ISLANDE D'INDRIDASON

Traduit du néerlandais par Laetitia Cordonnier

Éditions Métailié

TITRE ORIGINAL
Het Ijsland van Indriðason

ISBN : 978-2-7578-8719-6

« Tu sais que ce *truc* est un lieu bien réel. Ce n'est ni un décor, ni une pub, ni un clip. »

Erlendur Sveinsson
dans *Les Roses de la nuit*

Sommaire

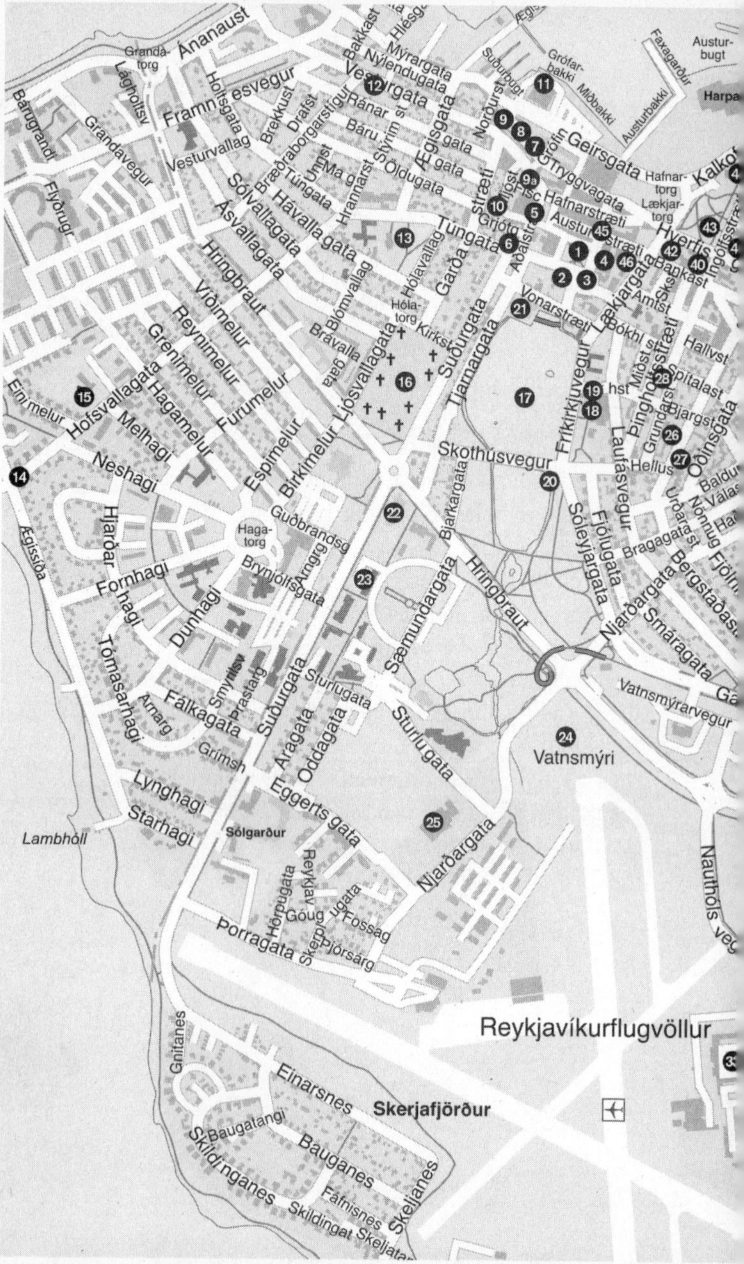

Ánanaust
Granda-torg
Framnesvegur
Vesturgata
Nýlendugata
Mýrargata
Bakkast
Hlésg
Holtsgata
Brekkust
Drafst
Bræðraborgarstígur
Ránar
Báru
Öldugata
Ægisgata
Vesturvallag
Laghóltsv
Grandavegur
Bárugrandi
Flyðrugr
Sólvallagata
Ásvallagata
Hávallagata
Túngata
Hrannarst
Garðastræti
Norðurst
Suðurbugt
Grófarbakki
Miðbakki
Austurbakki
Faxagarður
Austurbugt
Harpa
Geirsgata
Grófin
Tryggvagata
Hafnarstræti
Austurstræti
Hafnartorg
Lækjartorg
Hverfisg
Bankast
Amtst
Lækjargata
Vonarstræti
Aðalstr
Grjótg
Kirkst
Hólatorg
Hólavallag
Blómvallag
Brávallagata
Ljósvallagata
Suðurgata
Tjarnargata
Fríkirkjuvegur
Bókhl st
Þingholtsstræti
Miðst
Spítalast
Bjargst
Grundarst
Hellus
Óðinsgata
Laufásvegur
Fjólugata
Sóleyjargata
Skothúsvegur
Bjarkargata
Hringbraut
Viðimelur
Reynimelur
Grenimelur
Hofsvallagata
Hagamelur
Melhagi
Furumelur
Espimelur
Birkimelur
Einimelur
Neshagi
Hjarðarhagi
Hagatorg
Guðbrandsg
Brynjólfsgata
Arngrg
Fornhagi
Dunhagi
Tómasarhagi
Fálkagata
Smyrilsv
Þrastarg
Arnarg
Grímsh
Lynghagi
Starhagi
Lambhóll
Sólgarður
Ægissíða
Aragata
Oddagata
Sturlugata
Sæmundargata
Eggertsgata
Njarðargata
Bragagata
Bergstaðast
Smáragata
Vatnsmýrarvegur
Vatnsmýri
Nauthólsvegur
Hörpugata
Reykjav
Góug
Fossag
Skerjaf
Þjórsárg
Þorragata
Reykjavíkurflugvöllur
Gnitanes
Einarsnes
Skerjafjörður
Baugatangi
Bauganes
Skildinganes
Fáfnisnes
Skeljanes
Skildingat
Skeljatangi
1 2 3 4 5 6 7 8 9 9a 10 11 12 13 14 15 16 17 18 19 20 21 22 23 24 25 26 27 28 40 42 43 45 46

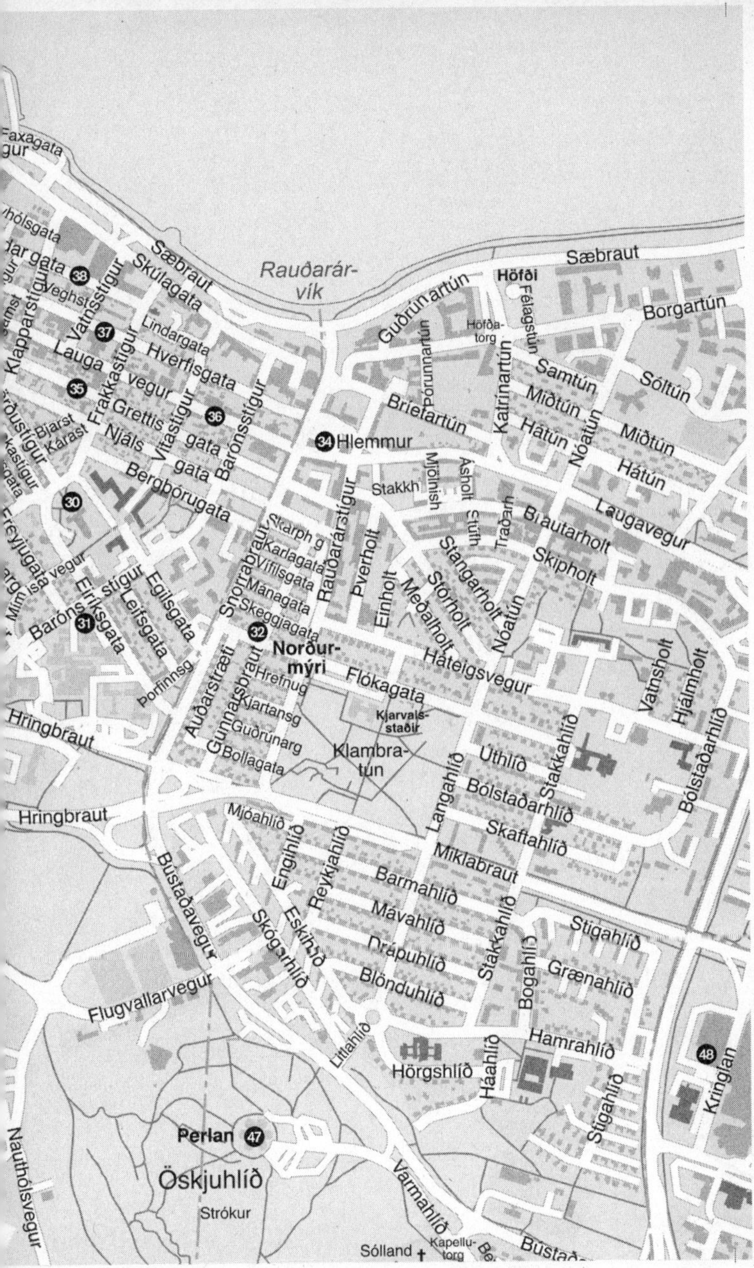

Faxagata
Sæbraut
Skúlagata
Rauðarár-
vík
Sæbraut
Höfði
Félagstún
Guðrúnartún
Borgartún
Höfða-
torg
Þórunnartún
Samtún
Sóltún
Lindargata
Hverfisgata
Vatnsstígur
Klapparstígur
Laugavegur
Frakkastígur
Grettisgata
Njálsgata
Vitastígur
Barónsstígur
Bergþórugata
Bjarst
Kárast
Hlemmur
Brietartún
Katrínartún
Miðtún
Hátún
Nóatún
Miðtún
Hátún
Stakkh
Mjölnish
Ásholt
Stúfh
Traðarh
Brautarholt
Laugavegur
Skipholt
Rauðarárstígur
Þverholt
Einholt
Meðalholt
Stórholt
Stangarholt
Nóatún
Snorrabraut
Karlagata
Vífilsgata
Mánagata
Skeggjagata
Freyjugata
Mímisvegur
Barónsstígur
Eiríksgata
Leifsgata
Egilsgata
Þorfinnsg
Norður-
mýri
Hrefnug
Kjartansg
Guðrúnarg
Bollagata
Auðarstræti
Gunnarsbraut
Háteigsvegur
Flókagata
Kjarvals-
staðir
Klambra-
tún
Vatnsholt
Hjálmholt
Bólstaðarhlíð
Stakkahlíð
Úthlíð
Bólstaðarhlíð
Skaftahlíð
Langahlíð
Hringbraut
Hringbraut
Mjóahlíð
Engihlíð
Reykjahlíð
Miklabraut
Barmahlíð
Mávahlíð
Drápuhlíð
Blönduhlíð
Stigahlíð
Grænahlíð
Bogahlíð
Stakkahlíð
Bústaðavegur
Eskihlíð
Skógarhlíð
Flugvallarvegur
Litlahlíð
Hörgshlíð
Háahlíð
Hamrahlíð
Stigahlíð
Kringlan
Perlan
Öskjuhlíð
Strókur
Nauthólsvegur
Varmahlíð
Sólland
Kapellu-
torg
38
37
35
36
34
30
31
32
47
48

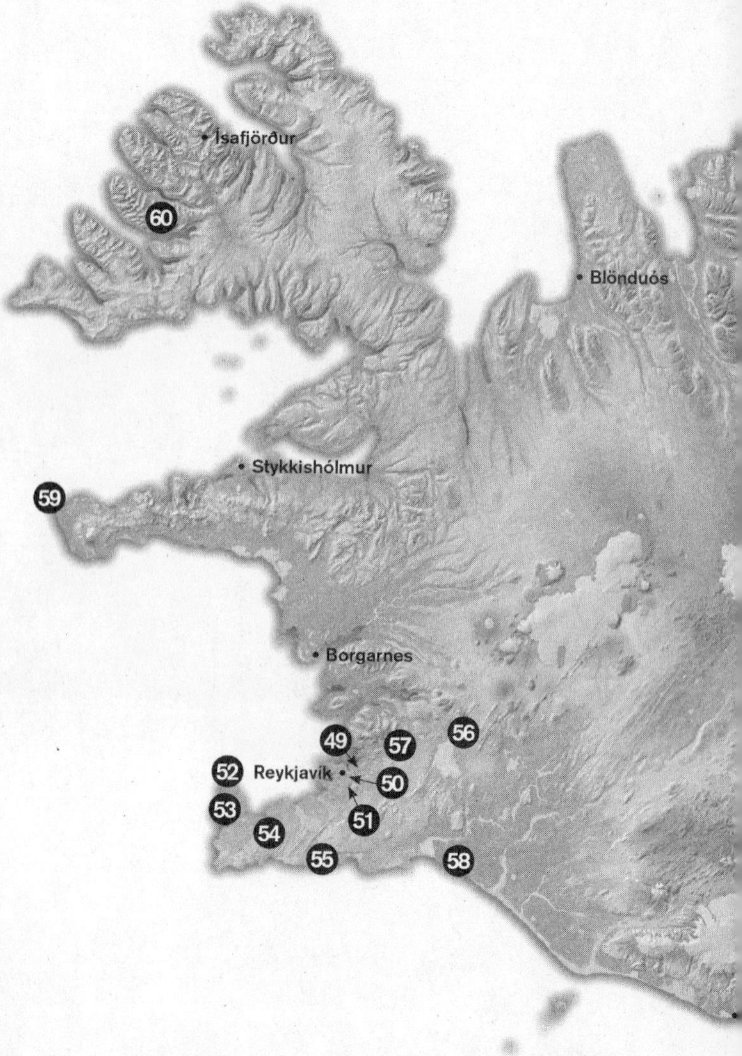
Ísafjörður
60
Blönduós
Stykkishólmur
59
Borgarnes
49
57
56
52
Reykjavík
50
53
51
54
55
58

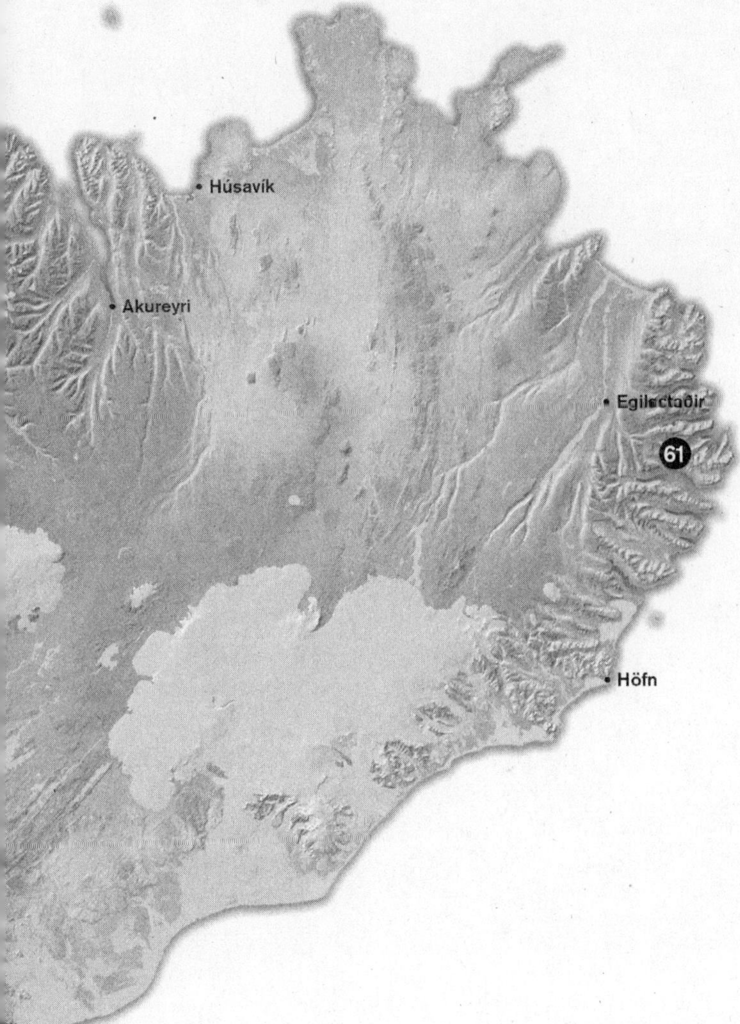
Húsavík
Akureyri
Egilsstaðir
61
Höfn

Avant-propos

« J'écris pour les Islandais, la perspective qui est la mienne est islandaise. Je ne saurais pas faire autrement, ni pour qui je devrais le faire », déclare Arnaldur Indridason.

Sa série de polars, traduite dans près de 40 langues sur tous les continents et mettant en scène l'inspecteur Erlendur Sveinsson, a pourtant été tirée à des dizaines de millions d'exemplaires. Au niveau international, il est l'auteur de littérature policière ayant remporté le plus grand nombre de prix.

Ancien éditeur d'Arnaldur Indridason aux Pays-Bas, c'est en 2003 que je me suis rendu pour la première fois sur cette île mystérieuse qu'est l'Islande. Je souhaitais en savoir plus sur le contexte de ses romans. Très vite, au cours de mes nombreuses rencontres avec Arnaldur et grâce au lien d'amitié qui s'est noué entre nous, j'ai compris qu'il écrivait avec un sens aigu du passé et du présent, en étant profondément enraciné dans la vie islandaise.

J'ai réalisé que cela se reflétait bien davantage dans ses livres que je ne le pensais. Et que, a priori, toutes ces références à l'histoire, à la culture et aux traditions m'avaient jusqu'alors échappé.

Et cela commençait par de petites choses, en apparence insignifiantes, mais en réalité essentielles, comme le prénom du personnage principal de la série : Erlendur. Pour tous les non-Islandais, il s'agit simplement d'un nom, un peu étrange peut-être, mais qui semble uniquement apporter une sympathique petite touche islandaise.

Le lecteur islandais, lui, y voit déjà tout un programme : en effet, *Erlendur* signifie à la fois « étranger » et « outsider ». Dès le début, ce simple mot le caractérise avec force pour toute la durée de la série, pour qui comprend l'islandais.

En fin de compte, j'ai vécu cinq années à Reykjavik, j'y séjourne d'ailleurs encore plusieurs mois par an. J'ai relu les livres et je suis parti à la chasse au trésor muni de mon stylo et de mon appareil photo, afin de mieux comprendre les textes et leur milieu, d'en savoir davantage sur l'Islande et ses habitants, et de savourer encore plus la (re)lecture de cette passionnante série.

Il y a vingt ans, j'étais éditeur de romans policiers. Les livres d'Arnaldur Indridason ont laissé en moi une trace toute particulière. Non seulement la qualité de chaque titre de cette série est exceptionnelle mais, en plus, Arnaldur Indridason a véritablement des choses à nous raconter. Et il le fait sans pontifier. Il choisit le genre policier pour nous divertir. Mais, en même temps, il nous fait réfléchir sur les questions de société et nous donne beaucoup à apprendre d'un pays dont le nombre d'habitants équivaut à celui de la ville de Nice. Une société où non seulement tout le monde se connaît, mais où l'on appartient aussi souvent à la même famille, ce qui suppose des relations complètement différentes avec les autres. L'anonymat n'existe pas.

Que la série ait été traduite dans tant de langues et, de ce fait, de cultures et de sociétés montre bien qu'Arnaldur Indridason touche le cœur profond de notre humanité. La petite taille de la société islandaise permet au lecteur de la remplacer par son propre environnement social, la rendant universelle, même si l'Islande et les Islandais, du simple fait de leur position géographique et de leur histoire, habitent une partie du globe tout à fait unique.

Avec ce livre, je souhaite partager la riche expérience et le plaisir que la lecture des romans d'Arnaldur Indridason m'ont procurés. Je vous invite à vous frayer un chemin dans les décors et les évocations de ces livres, pour qu'ils ne restent pas accessibles qu'aux seuls Islandais. Je vous emmène pour une promenade dans la capitale et une découverte des lieux importants du pays. Nous découvrirons les véritables décors des romans. Nous plongerons dans l'histoire exceptionnelle de cette île de l'océan Atlantique Nord si lointaine, ses traditions et coutumes (païennes) et toutes les spécificités de sa société.

Les citations originales d'Arnaldur Indridason disséminées dans ce livre contribuent à la compréhension immédiate et spécifique du point de vue et de la méthode de travail de l'auteur.

Que vous ayez déjà visité l'Islande, que vous souhaitiez y aller ou que vous ne vous y rendiez jamais, j'espère que ce livre constituera un complément précieux pour tous les lecteurs d'Arnaldur Indridason et qu'en approfondissant ainsi les histoires d'Erlendur Sveinsson, ils pourront profiter encore davantage de la ville de Reykjavik et de l'Islande sous toutes ses facettes.

Alexander Schwarz
Reykjavik, février 2018

En bref : les personnages principaux

Pour se rafraîchir la mémoire, voici une rapide esquisse des personnages les plus importants.

Erlendur Sveinsson est inspecteur de police à Reykjavik. Originaire des fjords de l'Est, il a déménagé à Reykjavik à l'âge de douze ans, après le décès de son frère Bergur dans un tragique accident. Son père, Sveinn Erlendsson, et sa mère, Aslaug Bergsdottir, ont alors décidé de s'installer dans la capitale, située à l'autre bout de l'île. Il s'est toujours senti un peu étranger dans cette ville.

Erlendur a été marié ; son ex-femme Halldora est encore très remontée contre lui. Ils ont extrêmement peu de contacts l'un avec l'autre et les rares fois où ils se voient, cela se passe mal. Erlendur a mis fin à leur mariage quand les deux enfants du couple étaient petits. La plus âgée, Eva Lind, a des pulsions autodestructrices, souhaite le retour de son père et le provoque en permanence. Elle a déjà touché le fond mais semble progressivement remonter la pente. Le plus jeune, Sindri Snaer, a une relation plus distante avec son père. Après avoir connu une forte dépendance à l'alcool, il trouve sa voie.

Erlendur dirige une petite équipe au commissariat de Reykjavik. Sa collègue Elinborg est la seule à avoir une vie de famille un tant soit peu normale. Toujours fiable, elle accomplit son travail avec beaucoup de discrétion. Elle écrit des livres de cuisine pendant son temps libre.

AI Erlendur fait partie de ma vie depuis 1995, deux ans avant que le premier livre ne soit publié en Islande. Ceux qui l'entourent doivent composer avec son caractère plutôt vif, mais je dois avouer que je trouve sa compagnie très agréable. Je l'ai toujours trouvé intéressant et j'éprouve beaucoup de plaisir à raconter son histoire.

Mais, je l'admets, c'est une relation d'amour-haine. Quand vous avez en tête un personnage comme Erlendur toute la journée, il arrive que la fatigue se fasse très présente, car il souffre de dépression. Et ce n'est pas toujours facile de devoir partager ses journées avec quelqu'un comme ça. Savoir ce qu'il fait, ce qu'il dit, ce qu'il attend de la vie.

C'est la raison pour laquelle j'ai aussi écrit trois livres qui ne parlent pas d'Erlendur ; c'était probablement pour mettre un peu de distance entre lui et moi. D'un autre côté, Erlendur est très divertissant à mes yeux d'auteur car il se montre parfois très surprenant.

Nos meilleurs moments ensemble ? Quand nous sommes d'accord sur un sujet et que nous faisons quelque chose qui nous fait du bien à tous les deux. Dans ces moments-là, je me dis que ça valait vraiment la peine de supporter sa compagnie pendant toutes ces années ! ¶

Sigurdur Oli, le collègue masculin d'Erlendur, a grandi aux États-Unis. Souvent arrogant, c'est un jeune homme branché qui n'aime pas regarder en arrière. Il épouse Bergthora, dont il se sépare ensuite. Il est le seul qui contredise Erlendur et c'est un bon policier, quoique parfois un peu trop impulsif.

Erlendur est arrivé au commissariat grâce à Marion Briem, un personnage dont le sexe n'est jamais clairement défini. Marion, mentor d'Erlendur, a contracté la tuberculose étant enfant, une maladie qui imposait des traitements très douloureux et qui a aussi causé la mort d'une de ses amies. Marion comprend donc mieux que les autres la profonde tristesse d'Erlendur.

Et il y a encore Valgerdur, la biologiste avec qui Erlendur a une liaison. Même si leurs rapports ne sont pas vraiment simples, Valgerdur est la seule qui arrive parfois à faire voir à Erlendur le bon côté des choses.

Un condensé de l'histoire de Reykjavik et de l'Islande

Dans les romans d'Arnaldur Indridason, la capitale la plus au nord du monde représente bien plus qu'un simple décor. Elle forme réellement le cadre de vie presque palpable des personnages. La ville marque de son empreinte les drames et les délits racontés, et l'atmosphère du récit est essentiellement définie par l'histoire de la ville, les changements dans la société et le rôle de la capitale dans le pays.

La position de Reykjavik en tant que capitale, et cœur politique et culturel du pays, est assez récente et ne devient réellement effective qu'avec la Seconde Guerre mondiale.

Dans le *Landnámabók* (le « Livre du nom de pays »), un manuscrit médiéval, il est décrit en détail comment, entre 870 et 930, le Viking scandinave Ingolfur Arnarson accosta sur ce qu'on appelle aujourd'hui Reykjavik et prit possession de l'île. Les fouilles archéologiques indiquent avec certitude qu'il y arriva entre 869 et 873 ; les restes de la première colonisation de l'Islande ont pu être datés avec beaucoup de précision à l'aide de la lave de différentes éruptions volcaniques.

Comme il convenait traditionnellement de faire pour un chef Viking, Arnarson jeta dans l'eau les montants de son trône ; l'équipage accosta là où les piliers avaient été rejetés sur le rivage. C'est pourquoi les armoiries de Reykjavik portent aujourd'hui encore deux piliers stylisés au milieu des vagues. Puisque dans beaucoup d'endroits, le sol libérait de la vapeur en raison des nombreuses sources d'eau chaude, Arnarson baptisa le lieu *Reykjavik*, ce qui veut dire « Baie-des-Fumées ». C'est là qu'il installa sa ferme. Arnarson est considéré comme le premier colon à s'être établi de façon permanente en Islande.

Depuis lors, Reykjavik a toujours été habitée. Quelques autres fermes se sont installées dans les environs, mais jusqu'au XVIIIe siècle elles étaient plutôt rares.

En 1262, après des siècles de lutte armée, l'Islande est unie au Royaume de Norvège, avant de passer en 1380 sous domination danoise. C'est seulement en 1944 qu'elle se libère de la puissance coloniale.

En 1751, sous le règne de Skuli Magnusson, la première entreprise industrielle est créée. Avec cette manufacture de laine, l'Islande défia le monopole commercial des Danois ; de plus en plus de gens s'établirent aux alentours de l'usine. Il y eut des hauts et des bas, mais finalement tout se passa bien. Skuli est aussi considéré comme le fondateur de la ville de Reykjavik.

En 1786, le roi du Danemark accorda à Reykjavik, qui comptait alors 200 habitants, le statut de ville.

Après la fin du monopole commercial danois, six centres de commerce furent fondés en Islande. Toutefois, Reykjavik est le seul à avoir maintenu ses activités sans interruption. En raison des forts tremblements de terre de 1783 et 1784, des épidémies et de la famine, il fut décidé que le siège de l'évêché de Skalholt serait déplacé à

Reykjavik, et avec lui l'école latine. En conséquence, un nombre croissant d'instances politiques s'implantèrent dans la ville, et la vie culturelle se développa. Cela fit de Reykjavik la première « colonie urbaine » de l'île, bien qu'il s'agisse plutôt d'un qualificatif moqueur, étant donné qu'on n'y comptait en 1800 que 5 magasins et 307 habitants. Ceci montre bien comment les Islandais vivaient répartis sur tout le territoire et isolés les uns des autres.

En 1845, ce fut au tour du Parlement de déménager à Reykjavik (celui-ci tenait jusqu'alors un simple rôle d'assemblée consultative auprès de la couronne danoise), faisant ainsi de Reykjavik la capitale de l'Islande. La ville comptait alors moins de dix maisons à plus d'un étage et à peine plus d'un millier d'habitants.

Entre 1873 et 1914, 30 000 Islandais quittèrent le pays, soit plus de 20 % de la population totale, pour partir vivre au Canada ou aux États-Unis. Ils voulaient fuir la famine et la pauvreté permanentes.

En 1874, à l'occasion des mille ans de la colonisation, le roi du Danemark Christian IX offrit au peuple islandais sa propre constitution. L'Althing (le Parlement) reçut des pouvoirs législatifs limités, et le pouvoir exécutif resta aux mains des Danois.

En 1886, la Banque nationale fut fondée. La rue dans laquelle la banque s'installa fut baptisée Bankastraeti, « rue de la Banque » ; s'il n'y a plus de banque aujourd'hui, le nom, lui, est resté.

En 1911, la première université du pays ouvrit ses portes, la Haskola Islands.

L'Islande conserva sa neutralité pendant la Première Guerre mondiale.

En 1915, les femmes de plus de 40 ans acquirent le droit de vote. À partir de 1920, ce droit s'étendit à toutes les femmes majeures ayant l'âge légal.

Le 1er décembre 1918, l'Islande devint un État indépendant, ou presque. Le pays restait sous domination danoise : le roi du Danemark était toujours souverain et la politique étrangère était toujours l'apanage des Danois.

À partir du XIXe siècle, le nombre d'habitants à Reykjavik augmenta considérablement. Entre 1855 et 1910, il passa ainsi de 1 000 à 11 000 individus. La ville était pleine à craquer. En 1920, 17 540 personnes vivaient dans la capitale, et ce nombre doubla en à peine vingt ans pour atteindre les 38 308 habitants en 1940.

L'Islande resta officiellement neutre durant la Seconde Guerre mondiale, mais elle fut toutefois occupée en 1940 par les troupes britanniques, qui furent relayées en 1941 par les troupes américaines. Un complément d'informations à ce sujet est disponible dans le paragraphe consacré à l'aéroport de Keflavik.

Au lendemain de la Seconde Guerre mondiale, en 1946 plus précisément, Erlendur Sveinsson naquit à Eskifjördur, dans les fjords de l'est de l'Islande.

En 1949, l'Islande fut l'un des pays fondateurs de l'OTAN. Dans le même temps, de vives protestations sans précédent éclatèrent, car la population craignait que le pays ne devienne un pion entre les deux grandes puissances.

En 1958, Sveinn Erlendsson et son épouse Aslaug Bergsdottir déménagèrent à Reykjavik avec leur fils Erlendur, âgé de douze ans. À l'époque, un peu plus de 70 000 habitants résidaient dans la capitale ; dix ans plus tard, elle en comptait 10 000 de plus, et cette croissance se poursuit encore aujourd'hui. Si l'on examine la configuration de Reykjavik, l'architecture, les constructions et les infrastructures le montrent clairement : quasiment à chaque nouvelle décennie correspond un nouveau quartier. Comme il n'y avait plus d'espace sur l'étroite petite péninsule où la première ferme avait été établie, la ville s'est étendue vers l'est.

Entre 1950 et 1975, l'Islande, dépendant du secteur de la pêche, décida unilatéralement d'étendre sa zone de pêche, pour la porter à 200 milles marins. Cela déclencha ce qu'on a appelé la « guerre de la morue » avec la Grande-Bretagne. Des bateaux des deux pays, parmi lesquels des navires de combat britanniques et la garde côtière islandaise, se percutèrent délibérément en haute mer. Un Islandais décéda des suites de cet affrontement. Il se trouvait dans la salle des machines au soudage quand le bateau où il se trouvait fut percuté par un navire de guerre britannique. L'Islande menaça de quitter l'OTAN, incitant les États-Unis à réagir en exerçant des pressions sur la Grande-Bretagne. En pleine guerre froide, la base aérienne de Keflavik avait en effet acquis une grande importance aux yeux des Américains. Un accord fut finalement conclu en 1976.

En 1972, l'Islande fut très brièvement protagoniste sur la scène internationale de la guerre froide. Le match du siècle entre deux joueurs d'échecs, l'Américain Bobby Fischer et le Russe Boris Spassky, se déroula à Reykjavik.

À cette époque, Erlendur Sveinsson ne travaillait plus dans le bâtiment, mais à la police de la circulation de Reykjavik. C'est là qu'il rencontra pour la première fois (au tout dernier paragraphe du *Duel*) son futur employeur, Marion Briem.

Entre 1940 et 1970, le nombre d'habitants de Reykjavik doubla une fois de plus, pour atteindre le chiffre de 81 693 personnes. Par la suite, la croissance démographique se fit plus lente. Dans la première moitié des années 90, la population dépassa pour la première fois les 100 000 individus. Aujourd'hui, Reykjavik compte environ 130 000 habitants, soit plus d'un tiers de la population islandaise. Et si l'on observe que le même nombre de personnes vit dans les environs immédiats de la capitale, on comprend la force de concentration exercée par la ville depuis la Seconde Guerre mondiale – et le faible nombre d'Islandais répartis sur le reste de l'île.

En dehors de la capitale, la plus grande agglomération est la petite ville d'Akureyri, au nord du pays, avec ses 18 000 habitants ; elle se situe à cinq heures de route de Reykjavik, par beau temps. Keflavik est la deuxième ville de la liste ; à environ 50 km de Reykjavik, elle a deux fois moins d'habitants qu'Akureyri, sachant que l'Islande est environ 2,5 fois plus grande que les Pays-Bas ou 3,4 fois plus grande que la Belgique.

En raison de la situation géographique de l'Islande, entre les deux grands blocs, occidental et soviétique, Reykjavik a une nouvelle fois été sous les feux des projecteurs en 1986. Cet événement est aujourd'hui considéré comme le début de la fin de la guerre froide. À l'invitation de Vigdis Finnbogadottir, première femme élue président d'un pays démocratique, le président américain Ronald Reagan et le secrétaire général du parti communiste de l'Union soviétique Michael Gorbatchev se rencontrèrent, dans le but de mettre fin à la course aux armements. Ils quittèrent tous deux déçus le sommet, qui se tenait à la maison Höfdi, sur la Saerbraut, le boulevard de Reykjavik. Ils ne se rendaient pas encore compte qu'après cette rencontre, le monde n'allait plus jamais être le même.

Au cours des premières années du XXIe siècle, l'Islande a connu un essor économique sans précédent. À la suite de la privatisation des banques en 1980 – il n'y en avait que trois à l'époque –, il semblait vingt ans plus tard que les riches islandais pouvaient désormais jouer dans la cour des grands. Brusquement, les plus riches se sont mis à acheter d'importantes chaînes de magasins au Danemark, une chaîne de supermarchés en Grande-Bretagne et un club de football anglais. Les banques sponsorisaient massivement et généreusement des événements culturels et sportifs. Beaucoup se sont mis à travailler dans des organismes financiers sans même avoir de formation économique ou équivalente. Chacun profitait d'une manière ou d'une autre de cette richesse, le plus souvent sans réfléchir plus loin.

L'effondrement des banques en septembre 2008 a démontré que cette prospérité n'était construite que sur du sable. Les trois banques avaient accordé sans cesse de nouveaux prêts, pour créer une espèce de système pyramidal qui devait bien s'écrouler à un moment donné.

La mise en place de caisses d'épargne – filiales de ces banques – avait pour but d'importer des capitaux frais de l'étranger, avec la promesse d'un rendement plus élevé qu'à l'ordinaire. Icesave, qui opérait surtout aux Pays-Bas, était l'une de ces organisations. Ce plan ne pouvait pas marcher et pratiquement toutes les banques islandaises (à l'exception d'une poignée de banques d'affaires) se sont effondrées. Seule leur nationalisation a permis d'éviter leur disparition.

Cet effondrement des banques a aussi conduit des entreprises à devoir mettre la clé sous la porte du jour au lendemain. Des centres commerciaux sont restés inachevés, les projets de construction ont été mis en attente, les investissements dans le pays ont fortement diminué. Une loi a été adoptée pour lutter contre le blanchiment d'argent ; elle prévoyait notamment qu'aucune liquidité ne sorte du pays. À l'heure actuelle, il n'est toujours pas possible d'obtenir (ou d'échanger) des couronnes islandaises ailleurs qu'en Islande. Jusque début 2017, les habitants du pays qui souhaitaient voyager à l'étranger devaient se rendre à la banque munis de leur ticket d'avion, et c'est seulement ainsi qu'ils avaient la possibilité d'échanger leurs devises (la carte de crédit pouvait par ailleurs être utilisée aussi souvent que souhaité).

Les Islandais étaient mécontents, très mécontents. Beaucoup n'étaient plus en mesure de payer leur hypothèque ; le coût de la vie a continué de grimper jusqu'à des niveaux jamais atteints auparavant, en raison de la perte de valeur de la couronne et de l'obligation d'importer presque tout. La population a manifesté en masse sur Austurvöllur, la place du Parlement.

Le gouvernement dirigé par le Premier ministre Geir Haarde a dû démissionner en février 2009, en raison des protestations de masse, lors desquelles des gaz lacrymogènes ont été utilisés pour la première fois depuis les manifestations contre l'OTAN en 1949.

Peu de temps après, le patron de la Banque centrale, David Oddsson, a lui aussi quitté son poste. Il avait été maire de Reykjavik avant d'assurer la charge de Premier ministre de 1991 à 2004. Il est ensuite devenu rédacteur en chef du seul journal payant d'Islande. La question s'est posée de savoir comment un ex-Premier ministre et ex-président de la Banque centrale, qui devait avoir connaissance des événements et y avait sans doute même pris part, pouvait à présent enquêter comme journaliste sur tout ce qui avait mal tourné. Lorsqu'il a été nommé, certains journalistes du quotidien ont donné leur démission, et bon nombre de lecteurs ont résilié leur abonnement.

Après des décennies de gouvernement conservateur, de (centre) gauche, les Islandais ont choisi pour la première fois en 2006 d'élire une majorité sociale-démocrate et écologiste. La sociale-démocrate Johanna Sigurdardottir a été le premier Premier ministre ouvertement homosexuel au monde. Elle a dû faire de la politique sans argent, une mission presque impossible.

Cependant, en 2013, les Islandais ont réélu l'ancienne coalition formée par les conservateurs et le parti paysan, avec à sa tête le Premier ministre Sigmundur David Gunnlaugsson. En avril 2016, son nom ainsi que celui de sa femme sont apparus mêlés au scandale des Panama Papers. Les Islandais ont à nouveau manifesté en masse sur la place Austurvöllur. Le Premier ministre a finalement été contraint de démissionner. Un remplaçant temporaire a été trouvé et des élections anticipées ont été organisées qui, pour la première fois dans l'histoire du pays, ont mis au pouvoir une coalition composée de quatre partis.

L'implication du Premier ministre Bjarni Benediktsson Jr élu en 2017, ministre des Finances dans le précédent gouvernement, dans l'affaire des Panama Papers, a été habilement cachée.

Lui aussi a dû finalement démissionner, mais il est redevenu ministre des Finances après des élections anticipées. À ce moment-là, Katrin Jakobsdottir était Premier ministre. Diplômée en lettres, elle a consacré sa thèse à l'œuvre d'Arnaldur Indridason.

L'écroulement des banques et de l'économie a eu pour effet que la couronne islandaise a perdu la moitié de sa valeur. Comme beaucoup d'Islandais avaient contracté leurs emprunts hypothécaires dans des paniers de devises en euros, francs suisses, dollars américains et yens japonais, les mensualités étaient pour beaucoup trop élevées. Sans compter qu'il était jusqu'alors seulement possible de conclure des prêts hypothécaires dans lesquels, outre les intérêts, il fallait aussi payer l'inflation. En raison de la crise, l'inflation a grimpé en un an à plus de 12 %. Il n'y avait plus grand-chose à faire. Finalement, les politiques ont décidé que chacun devait seulement payer ce qui avait été payé jusqu'alors, et qu'une solution serait trouvée par la suite. Des années plus tard, il a été décidé d'annuler l'essentiel de la dette toujours en cours. Une grande partie de la population aurait sinon probablement été déclarée en faillite.

Aujourd'hui, beaucoup d'Islandais occupent plusieurs emplois. C'est souvent indispensable pour joindre les deux bouts ou mettre un peu d'argent de côté pour les coups durs. Ainsi, on voit des enseignants travailler comme guides touristiques pendant l'été et des employés de bureau servir dans des restaurants le soir.

La dégringolade de la couronne islandaise a favorisé un secteur nouveau, qui n'avait jamais vraiment été pris au sérieux en Islande. Il semble que de nombreuses personnes avaient depuis longtemps inscrit sur leur liste de souhaits un voyage en Islande, mais y avaient jusqu'alors renoncé en raison du coût jugé trop élevé. Avec une couronne faible, le voyage est redevenu envisageable. En 2016, l'industrie du tourisme a fait mieux que le secteur de la pêche, en devenant la plus importante source de revenus de l'île. L'économie a redémarré. La même année, l'équipe nationale de football est arrivée en quart de finale à l'Euro 2016 face à la France.

Le succès du secteur touristique a également un revers : les infrastructures sont loin d'être suffisantes pour faire face à cette forte affluence. Souvent, les visiteurs ignorent l'attitude à adopter face à la nature si puissante mais en même temps si fragile. Pendant ce temps, l'essor économique fait augmenter la couronne à des niveaux qui rendent à nouveau l'île plutôt chère pour les visiteurs. Dans le même temps, on continue à construire des hôtels et à ouvrir de nouveaux restaurants.

Erlendur ne connaîtra jamais cette dernière situation. En 2005, il déménage définitivement dans les fjords de l'Est. Il n'aurait probablement pas apprécié que les grues fassent sortir de terre un hôtel après l'autre dans le centre-ville, et que des habitants soient chassés de leurs logements pour que les maisons puissent être louées à des touristes.

Erlendur a vu Reykjavik changer très rapidement ; la ville qui n'a jamais été « sa » ville, la ville où il a en partie grandi, où il s'est marié, où il a eu ses enfants, où il s'est séparé, où il a vécu et travaillé. C'est quelque chose qu'il supporte difficilement. Pendant tout ce temps où on l'a accompagné, il s'est plaint des changements, de la nouveauté. Il estime que les choses ne peuvent aller qu'en empirant et que les gens ne font généralement que les aggraver.

> C'est ainsi qu'il avait peu à peu connu cette ville où il était arrivé à l'âge de douze ans, apprenant une foule de détails sur les maisons, les rues et leurs habitants, vivants ou morts. Il s'était installé à l'orée de la ville avec ses parents dans une petite maison qui avait autrefois abrité les douches de l'armée d'occupation britannique.

Le sort de l'ancienne maison d'Erlendur est révélateur de l'évolution de la société. À l'origine située à l'orée de la ville, elle se trouve désormais au beau milieu de celle-ci, juste à côté du centre, à l'est de la rue Snorrabraut, celle qui marque la frontière entre le centre et les quartiers limitrophes de Nordurmyri et Hlidar.

AI Comme je suis historien de formation, le personnage d'Erlendur m'est venu très spontanément à l'esprit. Je n'ai pas eu besoin d'y réfléchir beaucoup. Un jour, il s'est manifesté et je me suis rendu compte que ça pouvait fonctionner. Par la suite, je l'ai de plus en plus intégré à mon environnement immédiat, afin qu'il fasse partie de la société islandaise avec ses changements. Il est originaire d'une famille pauvre de la campagne, partie tenter sa chance dans la grande ville. Les changements survenus depuis la Seconde Guerre mondiale ont catapulté l'Islande, en l'espace de quelques décennies, du Moyen Âge au XXIe siècle.

Dans un roman, le personnage principal doit avoir de l'épaisseur, il faut lui donner un passé qui puisse sembler réel. J'ai fait d'Erlendur un étranger à la fois géographique et temporel. ¶

Reykjavik sur les pas d'Erlendur Sveinsson :

UNE PROMENADE À TRAVERS LA CAPITALE

La ville de Reykjavik est le personnage principal silencieux de presque tous les romans d'Arnaldur Indridason. Une grande partie des récits se déroulent dans le centre et dans les quartiers historiques limitrophes, qui sont parfois délicieusement pittoresques.

Intentionnellement, j'ai choisi de ne pas vous imposer une promenade citadine passant de lieu en lieu. Ainsi, chacun pourra commencer la découverte de la ville à partir du point de départ qu'il choisit et décider des lieux à visiter ou non. Toutefois, la promenade est conçue comme un tour : l'ordre dans lequel sont décrits les différents lieux du centre-ville peut éventuellement constituer un itinéraire indicatif.

Les récits mettant en scène Erlendur se déroulent presque tous en hiver, ce qui signifie notamment qu'il y a de la neige, qu'il fait froid, que le vent pique et que les rues et les trottoirs sont verglacés. Évidemment, cela ne veut pas dire qu'on ne puisse faire ces promenades qu'en hiver. Équipé de bons vêtements chauds qui protègent contre le vent et la pluie, d'un bonnet, de gants et d'une paire de chaussettes épaisses, on augmente ses chances de ne pas devoir réprimer l'envie de se précipiter dans un café toutes les dix minutes. Ce conseil vestimentaire s'applique davantage encore aux endroits situés hors du centre-ville – ne serait-ce que parce qu'il n'y a pas toujours un café dans les parages. Comme la météo peut facilement changer en quelques minutes seulement, les Islandais aiment dire qu'ils n'ont pas de météo, mais seulement des échantillons météorologiques.

D'ailleurs, le rythme d'écriture d'Arnaldur Indridason est tel qu'il travaille sur ses romans presque exclusivement pendant les mois d'hiver. Rien d'étonnant à cela : quand le mois de mai arrive et que les jours se font plus longs, chacun veut enfin pouvoir profiter du soleil.

Dans ce livre, le point de départ de la promenade se situe sur la place principale du centre-ville de Reykjavik. Facile à trouver, c'est un endroit agréable pour se retrouver en groupe et prendre des forces dans un café avant de poursuivre la balade. Vous pouvez également commencer ou achever votre promenade de n'importe quel autre point.

1· AUSTURVÖLLUR : la place du Parlement

La place Austurvöllur, littéralement « place de l'Est », se situe actuellement plutôt dans le quartier nord-ouest du centre-ville de Reykjavik. Cette dénomination est pourtant correcte d'un point de vue historique : la place se trouvait à l'est du lieu où était établie la ferme d'Ingolfur. Et c'est vers l'est que la ville s'est d'abord agrandie. Jadis, le vieux port et la zone résidentielle sur la colline près de la place formaient à peu de choses près la localité dans son ensemble. Aujourd'hui, cette partie de la ville se nomme Vesturbaer, ou « ville de l'Ouest ».

Austurvöllur n'est pas seulement le lieu le plus important de la ville, et donc du pays tout entier, au niveau politique : certes on y trouve le Parlement, mais aussi la cathédrale, des cafés et des lieux de divertissement. C'est là qu'ont lieu les manifestations et les concerts ; et c'est là aussi qu'on installe, chaque année en décembre, le sapin de Noël illuminé envoyé en cadeau par la ville d'Oslo. Enfin, c'est là que les habitants convergent en été, par beau temps, pour s'asseoir ou s'allonger sur les pelouses et se détendre un peu.

C'est aussi l'endroit où vous verrez plus de contradictions que n'importe où ailleurs en Islande. La richesse à l'hôtel Borg et les sans-abris sur la place devant, les vaniteux qui viennent s'exhiber comme s'ils évoluaient sur un tapis rouge et les ivrognes qui ont pris une telle cuite qu'ils ne peuvent plus faire un pas et sont sur le point de s'écrouler.

Au milieu de la place trône une grande statue de Jon Sigurdsson, combattant engagé pour l'indépendance de l'Islande. Ce n'est pas un hasard si son visage est tourné en direction de l'Althing, la maison du Parlement. Les parlementaires peuvent ainsi régulièrement se rappeler pour qui et pour quoi ils travaillent. Jon est sur un socle si haut qu'il peut voir, au premier étage de l'assemblée, l'hémicycle de la seconde chambre. Il observe, dans le dos du président, les parlementaires en face de lui. Jon Sigurdsson joue surtout un rôle crucial dans *Les Roses de la nuit*. Nous verrons cela par la suite.

Près de la statue de Jon, les bords de la place accueillent plusieurs bancs, lieu favori des sans-abris qui s'y rencontrent et y tuent le temps, une bouteille à la main.

Dans *Les Nuits de Reykjavik*, Erlendur fait la connaissance d'une poignée d'entre eux, en recherchant Thuri, qui n'est pas rentrée au foyer pour femmes. Il les interroge pour savoir où celle-ci pourrait se trouver, mais il n'est pas très bien accueilli, surtout par le plus jeune du groupe, qui semble avoir quelque chose à prouver. Dans ses jeunes années, quand il travaillait encore dans le secteur de la construction, Erlendur a pratiqué la boxe pendant deux ans ; il se sait en mesure de neutraliser son adversaire :

> – Calmez-vous.
>
> – Attends, je vais te calmer, rétorqua l'homme. Il décocha un coup de poing en direction d'Erlendur qui, s'il n'avait pas anticipé, l'aurait reçu en pleine figure, mais il l'avait esquivé comme il avait appris à le faire à la boxe. Son assaillant avait frappé dans le vide et sa colère avait décuplé. Considérant sans doute qu'il en allait de son honneur, il s'apprêta à bondir sur Erlendur, mais s'arrêta net, plié en deux, au moment où ce dernier lui asséna dans le ventre un crochet du gauche, aussitôt suivi d'un second. Ces deux coups puissants, pareils à ceux que le jeune policier avait appris à donner dans le punching-ball pendant les entraînements, avaient suffi à faire tomber le tatoué, qui se tenait le ventre et suffoquait, à genoux. Erlendur le retenait afin qu'il ne se blesse pas au visage en roulant sur le trottoir.

LA BOXE EN ISLANDE, LONGTEMPS ILLÉGALE

De 1956 à 2002, la boxe et les compétitions de boxe étaient interdits en Islande. Erlendur a donc dû pratiquer ce sport en secret. Aujourd'hui, cette discipline reste très réglementée. Le port du casque est obligatoire.

À gauche du Parlement se trouve la cathédrale de Reykjavik, et juste au coin l'imposant hôtel Borg.

2• ALTHINGISHUSID : la maison du Parlement

L'Islande a été gouvernée par les Norvégiens d'abord, et ensuite, pendant des siècles, par les Danois. Ce n'est qu'en 1944 que l'île a déclaré son indépendance. Cependant, il y avait depuis longtemps un Parlement qui essayait d'entretenir des relations avec la puissance coloniale et plaidait pour obtenir plus de droits. En l'an 1799, le Danemark provoqua la dissolution du Parlement islandais. Il a toutefois été réinstallé comme organe consultatif à Reykjavik en 1844. Cet édifice en basalte, une roche volcanique, a été inauguré en 1881 ; son toit est coiffé de la couronne du roi danois de l'époque. Au niveau du 2e étage, au-dessus des fenêtres extérieures, se trouvent représentés les quatre protecteurs mythiques du pays : un taureau, un griffon, un dragon et un géant.

LES QUATRE PROTECTEURS DE L'ISLANDE

La « Saga des rois de Norvège » (ou *Heimskringla*) décrit comment Harald Ier (roi du Danemark et de Norvège), dit Harald à la Dent bleue, avait prévu de conquérir l'Islande à la fin du Xe siècle. Harald à la Dent bleue était un homme prudent, il a donc envoyé en éclaireur un espion finlandais. Ce dernier était un sorcier, qui se transforma en baleine pour atteindre le pays. Les quatre protecteurs de l'Islande – un taureau à l'ouest, un griffon au nord, un dragon à l'est et un géant armé d'un bâton au sud – réussirent toutefois à empêcher le magicien de mettre le pied dans le pays.

À l'époque de sa construction, l'Althingishusid (« la maison du Parlement »), de style danois, semblait énorme pour les standards islandais ; elle était tout bonnement trop grande pour abriter uniquement le Parlement. Ainsi, dès le départ, on y a installé la Bibliothèque nationale, le Musée national, l'université, le bureau du gouverneur-général danois, et, plus tard (jusqu'en 1973), celui du président islandais.

3• LA CATHÉDRALE

Beaucoup penseront que la très grande église Hallgrimskirkja, qui depuis la rue Skolavörduholt surplombe presque toute la ville, est la cathédrale. En réalité c'est une autre église, bien plus ancienne, qui remplit cette fonction ; elle se situe sur la rue Austurvöllur, juste à côté de l'Althing.

En 1785, on décida que le siège de l'évêché de Skalholt déménagerait à Reykjavik. Il fallait donc y construire une église majestueuse, ce qui fut fait dans un style danois, par des ouvriers danois. Le chantier fut parsemé d'embûches, mais la construction de l'église fut finalement achevée en 1796. À l'époque, la cathédrale est plus petite et ne possède qu'un seul étage. Mais Reykjavik ne comptait alors que 300 habitants, cela convenait donc très bien.

L'église a dû plusieurs fois être protégée de l'écroulement en raison de la mauvaise qualité des matériaux utilisés lors de sa construction. En 1847, 1848 et 1879, elle a été complètement rénovée et agrandie. Aujourd'hui, elle compte un étage supplémentaire et 600 places assises.

AI Mon point de vue lorsque j'écris est islandais, je ne peux pas faire autrement. Ce serait ennuyeux pour les Islandais si je parlais du froid qu'il fait ici, et d'autres choses qu'ils savent déjà. Un Islandais sait que l'église Hallgrimskirkja se trouve au bout de la rue Skolavordur, je n'ai pas besoin de le lui expliquer.

C'est comme dans les vieilles sagas : elles ne comportent jamais de longues explications sur la forme d'une montagne ou sur d'autres caractéristiques naturelles. Les lecteurs connaissent très bien toutes ces choses. Ce serait donc complètement inutile de revenir dessus. ¶

4• L'HÔTEL BORG : suffisamment bien pour un roi

Plus grand que le Parlement, cet hôtel a été construit en 1930 dans un style Art déco. Le roi du Danemark, alors détenteur du pouvoir colonial sur l'île, voulait y fêter son anniversaire. Seul problème : aucun endroit n'était suffisamment bien pour abriter et loger la cour. Il fallait trouver un lieu approprié ; cet hôtel fut donc construit juste à côté de l'Althing.

Il y a de longues années, le bruit courut que dans l'édifice évoluaient des créatures, qu'on désigne généralement en Islande par le terme *huldufolk*, le « peuple invisible ». Sous cette appellation, on rassemble les elfes, trolls, fantômes et autres apparitions qui normalement échappent au regard de l'homme. Dans certaines chambres, le peuple invisible ne laissait pas de repos aux hôtes. Finalement, le propriétaire de l'hôtel s'est vu contraint de demander l'aide d'un médium dans les années 90. Il voyait les premiers propriétaires errer dans la demeure, tout comme les âmes d'individus qui avaient vécu entre les murs du bâtiment et continuaient à lui être attachés. Il put entrer en contact avec ces entités ; depuis, le calme est revenu.

L'hôtel abrite aussi un restaurant au rez-de-chaussée. Par le passé, cette partie était aussi un lieu branché où on faisait la fête et on dansait jusqu'aux petites heures. Ainsi, au début des *Roses de la nuit*, Bergthora, qui ne connaît pas encore Sigurdur Oli, a rendez-vous avec un collègue à l'hôtel Borg. Vers trois heures du matin, ils décident de rentrer chez elle.

> Ils s'étaient échauffés en dansant à l'hôtel Borg. Blonde, les cheveux courts, svelte, mais le visage poupin, elle était vêtue d'une jolie veste beige et d'un legging assorti. Le foulard de soie qu'il avait au cou était selon elle le signe d'une certaine vanité. Il portait le costume Armani qu'il avait acheté récemment dans une boutique de mode pour la séduire. C'était réussi.
>
> Il avait été surpris quand, ayant quitté le centre, elle lui avait proposé de prendre un raccourci par le vieux cimetière pour rentrer chez elle.

Jadis, l'hôtel Borg était aussi le lieu où les jeunes allaient danser le week-end. Dans *La Femme en vert*, Benjamin et Solveig s'y rendaient aussi, déjà avant la Seconde Guerre mondiale. Benjamin Knudsen était grossiste. Des ossements humains furent retrouvés non loin de sa résidence d'été. Le bruit courut qu'il avait assassiné sa fiancée Solveig, celle-ci ayant rompu leurs fiançailles. Il mourut dans les années 70. La sœur de Solveig, Bara, devenue entre-temps une vieille dame, se souvient :

– Il faut reconnaître que Benjamin était très bon pour elle, poursuivit Bara. Il lui envoyait des lettres d'amour et se montrait plein d'attentions de ce genre. À l'époque, il était de bon ton pour les fiancés de se promener longuement dans les rues de Reykjavik. C'était, disons, une façon de faire plus amplement connaissance qui n'avait rien d'original. Ils s'étaient rencontrés à l'hôtel Borg, qui était l'endroit obligé à cette époque, puis ils avaient commencé à se rendre mutuellement visite, à faire des promenades et des voyages ensemble, et leur relation évoluait comme celles de tous les jeunes de l'époque. Il l'a demandée en mariage et environ deux semaines avant la noce, elle a disparu.

Visiblement, toutes ces danses ne les rendaient pas vraiment heureux. Ils mirent tous deux fin à leurs jours peu de temps après.

Al Je suis beaucoup sorti dans ma jeunesse, comme tous les jeunes de Reykjavik. Il y a plein de bars les uns à côté des autres dans le centre, c'est très pratique. Ça commence déjà le jeudi soir, ensuite le vendredi et le samedi on ne peut plus s'arrêter. On fait la fête dans les clubs et les bars jusqu'au petit matin. L'hiver aussi, ce qui peut parfois être un peu désagréable si on se trouve devant un club et qu'il faut attendre un bon moment avant de pouvoir entrer. L'hôtel Borg était un de ces lieux où il fallait être vu. Comme beaucoup de jeunes de ma génération, j'y ai bien souvent flirté jusque tard dans la nuit. ¶

C'est aussi peut-être à l'hôtel Borg qu'Erlendur et son équipe vont et viennent pendant toute une semaine. À moitié revêtu d'un costume de père Noël, le portier Gudlaugur Egilsson est retrouvé assassiné juste avant Noël, dans les caves sombres du bâtiment, où se trouvent les chambres des domestiques. L'intérieur du bâtiment n'est quasiment pas décrit, on ne peut donc pas savoir dans quel hôtel cela s'est produit. Toutefois, une remarque anodine de la réceptionniste à Erlendur pourrait indiquer qu'il s'agit bien ici de l'hôtel Borg :

> – Nous avons une agence bancaire dans l'aile sud, de l'autre côté du bâtiment. Il y a des magasins pour touristes et cette banque par laquelle on peut entrer dans l'hôtel.

Sur le côté de l'hôtel Borg passent une rue et un chemin, depuis la rue Posthusstraeti à l'avant vers la rue Laekjargata à l'arrière du bâtiment. À l'époque où se passe le récit, une banque se trouvait effectivement derrière l'hôtel. Depuis, le bâtiment a été détruit. L'auteur reste toutefois silencieux sur la localisation précise des événements.

LES TREIZE PÈRES NOËL ISLANDAIS

Que la victime, Gudlaugur, dans *La Voix*, soit retrouvée vêtue d'un costume de père Noël en dit long sur l'influence du tourisme dans l'île. En tout, les Islandais connaissent treize pères Noël. Ou plus exactement treize trolls.

Ce sont treize frères qui, dans les jours qui précèdent Noël, quittent un à un les hauts plateaux pour visiter le monde habité. Leurs parents ont atteint un âge canonique : Gryla est une mère horrible, affreusement sévère, qui prépare des repas immondes ; Leppaludi, le père, n'est qu'un gros paresseux. Il ferait pourtant mieux d'être plus vigilant car Gryla a dévoré ses deux premiers maris lorsqu'elle en a eu assez. Avant, on considérait surtout les treize frères comme des lutins farceurs, mais aujourd'hui on les apprécie aussi pour leur gentillesse. Chacun d'entre eux a sa particularité, ils sont plus doux qu'avant, et transmettent chacun un message moral : ne pas regarder par les fenêtres des gens, ne pas laisser la porte ouverte, ne pas manger trop de sucreries... Pour les parents, leur arrivée signifie en outre qu'ils vont devoir déposer, chacune des treize nuits, une petite surprise dans les chaussures de leurs enfants.

5• LA RUE ADALSTRAETI : le berceau de la ville

La rue Adalstraeti (« Grand-Rue ») s'appelle ainsi parce qu'il s'agit du lieu où Ingolfur, le premier Viking arrivé dans le pays, a installé sa ferme ; Reykjavik trouve donc ses origines ici. La rue Adalstraeti est la plus vieille rue de Reykjavik. La ville s'est agrandie depuis la ferme qui se trouvait ici pour devenir ce qu'elle est aujourd'hui. La maison en bois située au numéro 10 est le bâtiment le plus ancien de la ville.

6• LANDNAMSSYNINGIN REYKJAVIK 871 ± 2 : le musée de la colonisation

Au 16 de la rue Adalstraeti se trouve le musée Landnamssyningin Reykjavik 871 ± 2 (Exposition sur la colonisation), qui aborde la question de la colonisation de Reykjavik et de l'Islande par les Vikings.

7• LA RUE TRYGGVAGATA : entre le centre et le vieux port

La rue Tryggvagata est l'une des rues les plus connues du vieux centre de Reykjavik. Aménagée en 1900, elle forme, depuis l'élargissement du port entre 1913 et 1917, une voie importante reliant la ville au port.

On trouve dans la rue Tryggvagata quelques bâtiments importants : le bureau principal de la douane islandaise au numéro 19, et le Tollhusid avec sa mosaïque qui couvre toute la façade côté rue. C'est ici qu'on contrôlait les navires entrants et sortants.

En face, au numéro 2, se situe Kolaportid, un grand marché aux puces, ouvert chaque week-end, où les amateurs de bonne chère trouveront du poisson frais, du requin fermenté et autres délices.

Le numéro 17 abrite l'Hafnarhus (la « maison du port »), qui est le bâtiment principal des trois sites du musée d'art de la ville, le Listasafn Reykjavikur. Une importance toute particulière y est accordée aux œuvres d'art de l'artiste pop islandais Erro. Juste de l'autre côté du carrefour, le numéro 15 accueille la Borgarbokasafn Reykjavikur, la Bibliothèque de la ville. Le musée de la photo, Ljosmyndasafn Reykjavikur, a été installé au dernier étage de la bibliothèque.

Dans *La Femme en vert*, le bruit court que Solveig, la fiancée de Benjamin, est passée par la rue Tryggvagata pour se diriger vers la mer et se jeter à l'eau.

– Ma sœur avait quitté le domicile dans la matinée. Dans l'intention d'aller faire les boutiques, elles n'étaient pas aussi nombreuses qu'aujourd'hui, et d'ailleurs elle n'a rien acheté. Elle est passée voir Benjamin dans son magasin, l'a quitté, et personne ne l'a plus revue. Il a déclaré à la police qu'ils s'étaient disputés, c'est aussi ce qu'il nous a dit. Voilà pourquoi il s'en est voulu de la façon dont les choses se sont passées, il s'est senti coupable.

– Mais pourquoi dans la mer ?

– Des gens ont affirmé qu'ils avaient vu une femme se diriger vers la mer, à l'endroit où se trouve aujourd'hui le bout de Tryggvagata. Elle portait un manteau qui ressemblait à celui de ma sœur. Et elle avait la même taille. C'est tout.

8• LE RESTAURANT CHINOIS NAUST

Dans *L'Homme du lac*, alors que le froid de l'automne se fait de plus en plus mordant, Tomas attend secrètement Lothar qui dîne au restaurant Naust, établi au 6-8 de la rue Vesturgata. Ils ont autrefois étudié ensemble à Leipzig, quand la ville était encore sous le régime communiste de la RDA. Lothar était le « mentor » de Tomas. Leur amitié des débuts s'était achevée sur une trahison aux conséquences fatales.

Le beau bâtiment en bois, qui faisait initialement office d'entrepôt à poissons, fut construit en 1882, dans le style dano-islandais, par Geir Zoëga ; il a été agrandi par la suite, en 1897, 1902 et 1915. Une partie du bâtiment servait de magasin. Le restaurant a été fondé par sept hommes, parmi lesquels le fils du constructeur. C'était l'un des tout premiers restaurants en Islande. Dans les années 50 et 60, le président islandais y a donné des banquets à l'occasion de visites de rois et de chefs d'État. En 2007, le Naust a été acheté par des Sino-Européens, qui ont déboursé un million d'euros pour en faire le meilleur et le plus grand restaurant chinois d'Islande. Dix jours après l'ouverture seulement, la police y a fait irruption pour arrêter des travailleurs illégaux. L'établissement a été vendu en 2010 aux propriétaires d'un autre restaurant chinois et a fermé ses portes en 2012.

9• GRÖNDALSHUS : un autre bâtiment historique

Entre les maisons situées aux numéros 14 et 16 de la rue Vesturgata (« rue la plus à l'Ouest ») on trouve un petit passage menant au numéro 16b. Cette maison en bois, construite en 1881, a été achetée en 1888 par l'un des auteurs et illustrateurs les plus célèbres du pays, Benedikt Gröndal. Il y a vécu jusqu'à sa mort en 1907. La propriété était connue partout en Islande sous le nom de Gröndalshus (la « maison de Gröndal »). Avec le temps, l'endroit s'est progressivement transformé en taudis. De nos jours, il ne reste à voir qu'un espace vide et un tronc d'arbre mort.

Pendant l'enquête de *La Rivière noire*, Erlendur, qui répète volontiers que tout était mieux avant, voyage dans les fjords de l'Ouest. Au moment de garer son véhicule dans le quartier de la Gröndalshus, Elinborg se souvient à quel point Erlendur était agité :

> Elle pensa à Erlendur qui aurait souhaité conserver tout ce qui rappelait le passé. Elle n'était pas toujours d'accord avec lui. Il fallait laisser une place à l'évolution. Erlendur avait été très agacé au moment où on avait déplacé la maison Gröndal de la rue Vesturgata, là où

Elinborg était garée en ce moment, pour l'emmener au musée de l'habitat d'Arbaer. Il avait passé son temps à demander pourquoi on ne pouvait pas laisser cette maison là où elle était, dans le Reykjavik du temps passé où elle avait sa place, son histoire et sa raison d'être. Il affirmait que c'était une construction remarquable, qui tirait son nom de Benedikt Gröndal, l'auteur du XIXe qui y avait écrit l'une de ses œuvres préférées : *Daegradvöl*, « Passe-temps ». La maison Gröndal était l'un des rares bâtiments du XIXe qu'avait conservés la ville. Et il faudrait l'arracher jusqu'à la racine ? s'était irrité Erlendur. Pour la balancer sur des tas d'immondices là-haut, à Arbaer !

En 2006, la ville de Reykjavik a racheté la maison. Dix ans plus tard, il a finalement été décidé qu'elle serait rénovée avec l'aide de quelques investisseurs et transformée en centre de rencontres littéraires et de manifestations culturelles, et en musée consacré à la vie et au travail de Benedikt Gröndal. Un logement a été aménagé dans le sous-sol ; des écrivains étrangers ont la possibilité d'y séjourner et d'y travailler.

En juin 2007, la Gröndalshus, totalement rénovée, a été déplacée non loin de son ancienne localisation, au coin des rues Mjostraeti et Fischersund.

10• GRJOTATHORP

Dans *La Rivière noire*, le personnage d'Edvard, un « ami » de la victime Runolfur, habite « dans une bicoque en bas de la rue Vesturgata ». (En réalité, Edvard a acheté pour Runolfur du Rohypnol, médicament aussi connu comme la drogue du viol, que ce dernier utilisait pour abuser des femmes. À la fin, celle-ci lui sera fatale.) Par le passé, Runolfur, qui travaillait sur le chantier naval, vivait chez Edvard. Depuis sa voiture stationnée devant la maison d'Edvard, Elinborg peut voir le chantier naval.

AI Le viol est une manière de tuer. C'est un assassinat de l'âme. Pour cette raison, je trouve que les peines infligées doivent être suffisantes. Ce que les coupables font subir à leurs victimes est tout simplement indescriptible. ¶

Dans *La Femme en vert*, Erlendur rencontre le voyou Alli dans un café de la rue Austurstraeti ; il espère lui faire avouer où se cache Eva Lind. Mais rapidement Alli s'enfuit. Erlendur se lance alors à sa poursuite.

> Il cherchait son portefeuille à tâtons lorsqu'il s'aperçut qu'Alli avait disparu. Il jeta un regard bref et vif autour de lui et vit que la porte se refermait. Il abandonna le serveur avec le verre plein de bière, partit en courant et vit qu'Alli se dirigeait à toutes jambes dans la direction du quartier de Grjotathorp.

C'est à Grjotathorp que se trouvent peut-être les plus anciens bâtiments de Reykjavik, après la ferme de la rue Adalstraeti. Les limites du quartier sont l'Adalstraeti (à l'est), la Tungata (au sud), la Gardastraeti (à l'ouest) et la Vesturgata (au nord). Le quartier est si petit qu'il ne se compose que d'une poignée de ruelles ; d'ailleurs, il n'est bien souvent pas repris sur les cartes de la ville. Alli n'ira donc pas bien loin avant d'être appréhendé par Erlendur.

11• GAMLA HÖFNIN : du port au quartier branché

Depuis Grjotathorp, il n'y a que quelques pas à faire en direction de l'est pour rejoindre Gamla höfnin, le Vieux Port, où encore aujourd'hui sont amarrés des bateaux de pêche. On y trouve de plus en plus de restaurants et de magasins. Le port est devenu un *hotspot* apprécié des Islandais et des touristes. On peut y faire une pause dans un des cafés ou restaurants à la mode, faire du shopping dans de petites boutiques sympas ou savourer une glace sur un banc. Et c'est aussi ça, l'Islande : on y voit, juste à côté des bateaux, les baleiniers qui emmènent les touristes désireux d'apercevoir une baleine.

12• LE BOULEVARD AEGISGATA ET LES RUES ENVIRONNANTES : la ville de l'Ouest et son histoire maritime

Le boulevard Aegisgata (« rue de la Mer ») conduit plus loin vers la partie la plus ancienne de la Vesturbaer (« ville de l'Ouest »). Jadis vivaient ici des familles dont les hommes travaillaient sur des bateaux de pêche. C'est ainsi qu'on y trouve de belles maisons anciennes, dont la construction remonte à une centaine d'années, peintes dans toutes les couleurs et ornées de jolies décorations. On peut aussi y voir de solides bâtisses en pierre.

La hiérarchie des marins est encore bien visible dans ce quartier. Les maisons sises en haut de la colline sont plus grandes que celles en front de mer ; plus on occupait une fonction élevée sur le navire, plus on avait de l'argent, et plus on habitait haut sur la colline.

À l'angle avec la rue Ranargata, on débouche sur Pétursbud, une épicerie comme il y en a encore beaucoup à travers la ville. Les prix des produits y sont généralement légèrement plus élevés qu'au supermarché. Ces commerces de quartier restent souvent ouverts tard le soir et se trouvent surtout à proximité des habitants, une caractéristique très appréciée quand les journées sont froides et venteuses.

13• LANDAKOTSKIRKJA : l'unique église catholique de la ville

En haut de la petite colline, sur la droite, se dresse un hôpital et, sur la gauche, l'église catholique Landakotskirkja. Après la décapitation du dernier évêque catholique romain d'Islande aux côtés de ses deux fils en 1550, il n'y a plus eu aucun catholique pendant des siècles dans le pays (Rome était très loin et, contrairement à la règle du célibat, les prêtres catholiques romains en Islande étaient pour la plupart mariés et avaient une famille). C'est seulement avec l'arrivée des travailleurs immigrés polonais au XXe siècle que le catholicisme s'est à nouveau implanté dans le pays.

14• LES RUES TUNGATA ET AEGISIDA À VESTURBAER : un quartier de diplomates

Cette partie de Vesturbaer constitue un des deux quartiers des ambassades. À droite de l'hôpital se trouve l'ambassade de Finlande. Si l'on suit la Tungata (« rue de la Pelouse ») vers le bas en direction du centre-ville, on passe devant l'ambassade de Russie, la résidence des ambassadeurs d'Allemagne et de

France, un peu plus loin l'ambassade du Canada et enfin celle des îles Féroé, contre laquelle est adossée l'ambassade d'Inde.

Dans *L'Homme du lac*, Tomas arpente aussi la rue Tungata en attendant Lothar, qui travaille au bureau de la représentation commerciale de la RDA.

Tomas va finalement apprendre ce qui s'est passé avec son amie Ilona à Leipzig, et qui est responsable de sa disparition. La représentation commerciale, qui faisait en même temps office d'ambassade, était établie au numéro 78 sur l'Aegisida, un boulevard agréable, avec de belles demeures, en bord de mer. Depuis l'Aegisida, Tomas atteint la rue Hofsvallagata, pour prendre ensuite la rue Tungata en redescendant, tourner à gauche dans la rue Gardastraeti et enfin parcourir la rue Vesturgata où, comme mentionné précédemment, il attend que Lothar quitte le restaurant Naust (voir carte ⑧).

15• CAMP KNOX : les anciens baraquements des puissances d'occupation pendant la Seconde Guerre mondiale

Le titre islandais original du *Lagon noir* fait référence à Camp Knox, un ancien camp militaire. Après le débarquement de l'armée britannique en Islande en mai 1940, les soldats ont dû trouver des hébergements. Ils ont monté des camps et construit des baraques pour y vivre et y entreposer leur matériel. Les Américains ont repris ces camps et en ont construit encore quelques-uns. Après la Seconde Guerre mondiale, alors que les soldats étaient repartis, le besoin de logements était très important en Islande. En raison de l'occupation, la ville était devenue le pôle d'attraction pour le pays tout entier. C'est là qu'on trouvait du travail et qu'on faisait de l'argent. Pendant et après la guerre, beaucoup de gens ont quitté la campagne pour s'installer dans la capitale. Les baraquements que les Américains avaient laissés ont offert une solution à nombre d'entre eux, qui n'y vivaient que parce qu'ils ne pouvaient pas se permettre un autre logement. Ceux qui s'y installaient de manière permanente étaient bien souvent méprisés. Ils vivaient dans des conditions extrêmement dures : presque pas d'intimité, des rats qui tentaient tout le temps d'entrer et pire encore : l'odeur terrible qui se dégageait des baraquements. Une odeur qui imprégnait même les résidents.

AI J'ai fait des études d'histoire. Je me suis donc penché sur le passé. Et, dans un certain sens, c'est aussi ce que je fais dans mes livres : enquêter sur le passé. J'ai tendance à retourner dans le temps quand je raconte des méfaits, et à examiner les conséquences qu'ils ont eues à l'époque. Certaines de mes histoires sont donc comme un voyage dans le temps. Parfois, le temps s'arrête, comme c'est le cas pour Erlendur. Il a vécu une disparition qui l'a beaucoup affecté dans sa jeunesse. D'une certaine manière, il n'a plus évolué depuis. Et il n'a jamais réussi à recommencer à avancer. Dans *Étranges rivages*, il entreprend un voyage vers les lieux de son enfance. Peut-être est-ce une tentative de relancer la pendule de sa vie. Y parvient-il ? On le découvrira dans un autre livre... ¶

Quand une jeune fille, comme Dagbjört dans *Le Lagon noir*, commençait à sortir avec un garçon d'un camp, les parents et l'entourage de celle-ci ne voyaient pas cela d'un bon œil. On ne devait entretenir aucun rapport avec ces gens-là, c'était l'opinion dominante. Les habitants des camps étaient généralement vus comme des bons à rien.

Dans *Le Lagon noir*, Erlendur interroge Silja, une ancienne amie de Dagbjört.

– Camp Knox avait mauvaise réputation, répondit Silja, et je me souviens que j'étais en train de lui parler de mon frère qui avait peur des garçons de ce quartier. Je venais de dire que ce n'étaient que des sauvages et tout ça… ça valait pour certains. Je me suis énervée et là, elle m'a parlé de ce garçon qu'elle avait rencontré et qui n'avait rien d'un sauvage.

L'opinion de Sigurdur Oli à propos des habitants des baraquements se laisse rapidement deviner :

– Il n'est pas nécessaire que ces gens y soient restés bien longtemps. Peut-être même qu'ils n'avaient pas effectué leur changement d'adresse. Ils sont peut-être restés sur la colline quelques années, voire quelques mois, à l'époque où la pénurie de logements à Reykjavik était la plus forte pendant la guerre, et ensuite ils ont déménagé dans les baraquements de l'armée américaine. Qu'est-ce que tu penses de cette théorie ?

– Elle va comme un gant à un gars en imper Burberry's.

On voit encore aujourd'hui quelques baraquements ici et là, à travers le pays. Ils ne servent néanmoins plus de logement depuis longtemps.

Le Vesturaejarlaug, un des quartiers parmi les plus branchés, qui possède l'une des piscines les plus fréquentées de la ville, s'étale aujourd'hui sur le terrain découvert où se trouvait Camp Knox à l'époque. Une jolie épicerie est sise au coin de la rue Hofsvallagata tandis qu'un café occupe l'autre côté de la rue. Si l'on poursuit son chemin deux ou trois minutes sur la Hofsvallagata, en descendant, on arrive par un croisement en forme de T à un très beau boulevard en bord de mer (son nom est Faxaskjol vers la gauche et Aegisida vers la droite). De là, on peut admirer l'océan Atlantique. Et voir se profiler sur une péninsule, légèrement vers la gauche, les bâtiments d'une ancienne ferme. Cette ferme est aujourd'hui la résidence du président islandais.

Quand Erlendur traverse le quartier où se trouvait autrefois Camp Knox, un souvenir lui revient en mémoire :

Accompagné par le vent du nord, il était arrivé à l'endroit où s'élevaient autrefois les baraquements de Camp Knox, construits pendant la Seconde Guerre mondiale, à l'époque où l'Islande était occupée, d'abord par l'armée britannique, puis par les Américains. À cet emplacement se trouvaient désormais la piscine du quartier ouest et d'autres bâtiments, principalement des immeubles d'habitation. On ne voyait plus aucune trace de l'ancien camp militaire qui avait initialement servi à la flotte américaine basée en Islande et tirait son nom du ministre de la Marine des États-Unis, Frank Knox. Ce camp, l'un des quelque quatre-vingts que comptait la ville pendant l'occupation, était aussi l'un des plus importants. Aujourd'hui, ces baraquements avaient dans l'ensemble disparu, mais ils avaient connu une seconde vie inattendue à la fin de la guerre, pour pallier la pénurie de logements qui régnait en ville. Après le départ des soldats, les Islandais s'étaient installés dans ces baraques de tôle ondulée en arc plein cintre qui avaient servi d'hébergement à plus de trois mille personnes au plus fort de leur utilisation.

Erlendur se rappelait ces camps qui vivaient leurs dernières heures à l'époque où il était arrivé à Reykjavik. Il se souvenait de celui de Mulakamp et d'un autre, qui se trouvait au sommet de la colline de Skolavörduholt. Il y avait constaté la plus grande pauvreté : ces quartiers étaient de véritables bidonvilles, les bâtiments des taudis. À l'origine, constitués de tôle ondulée, de plaques isolantes en tex et de carton, ces baraquements n'avaient pas été conçus pour servir de logements. L'écoulement des eaux était, dans le meilleur des cas, tout à fait sommaire, les lieux étaient envahis par les rats et, bien qu'un grand nombre d'honnêtes gens y aient vécu, ces quartiers avaient mauvaise réputation à cause de leur vétusté et du mode de vie parfois étrange de leurs habitants. Cela valait également pour Camp Knox. Les gens qui y vivaient étaient surnommés les Kamparar et on leur reprochait de sentir mauvais, de puer le Kampari.

Vilhelm, le témoin interrogé par Erlendur, explique ceci :

– Les gens quittaient Camp Knox dès qu'ils trouvaient un endroit plus agréable, c'est tout ce que je peux vous dire. De toute façon, on ne pouvait pas tomber plus bas.

[...]

Un soir, quelques semaines plus tard, Erlendur quitta pour la dernière fois la rue où Dagbjört avait vécu et rencontré son destin. Il se dirigea vers l'ancien emplacement de Camp Knox, souvenir de l'occupation étrangère et de la pauvreté islandaise.

Dans *La Cité des jarres*, le « carrosse » (« Oui, enfin, le carrosse contenant les fleurs et les tables qu'on avait ramenées de l'église, la voiture du mariage, si vous préférez ») est finalement retrouvé dans la rue Gardastraeti, celui avec lequel l'étudiante en psychologie, Disa Ros, âgée de vingt-trois ans, a disparu pendant son mariage. La voiture est recherchée depuis trois jours déjà quand Erlendur se rend chez les parents de la mariée, bouleversés, afin de connaître leur version des faits.

16• HOLAVALLAGARDUR : « the place to be »... mais pas tout de suite

C'est peut-être le plus beau cimetière de la capitale. Assurément le plus important. Erlendur s'y rend volontiers.

> À la mort de son père, sa mère avait emménagé dans un appartement en sous-sol à Vesturbaer, le quartier Ouest, à proximité du port, et il était bien souvent passé par ce cimetière. Il n'avait pas tardé à y rester de longs moments, à traîner dans les allées et à lire les inscriptions sur les tombes. Les morts ne lui inspiraient aucune crainte, pas plus que le lieu, même s'il avait quelque chose d'inquiétant en hiver, avec ses arbres difformes qui tendaient leurs branches vers le ciel noir. Bien au contraire, il trouvait sérénité et apaisement au milieu de ceux qui sommeillaient.
>
> Il jeta un regard par-dessus cette clôture traçant la frontière entre les morts et les vivants et salua Benedikt Gröndal.

AI Comme Erlendur, j'apprécie beaucoup la poésie islandaise. Nous avons des poètes si doués. En fait, je lis un peu de tout, sauf des romans policiers, puisque j'en écris moi-même. Je lis surtout des poèmes. En tant qu'auteur de romans policiers, je les trouve inspirants par leur atmosphère, les émotions qu'ils suscitent, leur pouvoir d'exprimer tant de choses avec si peu de mots, leurs jeux de langage. La poésie nous enseigne comment faire impression avec la langue. Si cela ne tenait qu'à moi, je dirais que chaque auteur de thriller devrait lire au moins un poème par jour.

La lecture de recueils de poèmes est très enrichissante. J'essaye d'écrire comme le ferait un poète, car je pense qu'on sous-estime grandement la nature poétique que peut avoir un récit policier et le caractère littéraire sous-jacent des romans policiers. Ils sont souvent considérés comme des romans de gare, ce qu'ils ne sont absolument pas. Dans un thriller, l'auteur a la possibilité d'écrire de manière poétique et donc de faire du récit un thriller littéraire. J'essaye toujours d'écrire de telle sorte que mes mots portent au-delà de l'histoire racontée. ¶

Dans ce cimetière, construit en 1838, gisent presque tous les morts du XIXe et du début du XXe siècle ayant un grade (même petit), un nom (même vaguement) important ou une fortune (même réduite) : politiciens, artistes, médecins, évêques, scientifiques, notables et gens « ordinaires ». À côté des croix chrétiennes, des petits anges et des portraits des défunts – une certaine position allait souvent de pair avec une mention de la profession –, on trouve aussi quelques pierres tombales sur lesquelles sont inscrites des runes.

À ne pas manquer : la tombe du combattant pour la liberté Jon Sigurdsson, aussi appelé « président » bien qu'il n'ait jamais occupé cette fonction.

Après avoir quitté l'hôtel Borg, Bergthora et son don Juan, comme elle l'appelle ironiquement, poursuivent leur route vers la rue Sudurgata. Ils ont d'abord dansé un peu, et leur rapprochement a abouti à la fameuse question : chez toi ou chez moi ? Ils ont décidé que ce serait chez elle et sont donc partis.

Soudain, l'idée vient à Bergthora de prendre un raccourci en traversant le cimetière Holavallagardur. S'il est librement accessible, la plupart des gens n'entrent toutefois pas par les portes principales mais par de petites entrées le long des murs.

Très excités, ils ne peuvent attendre pour faire l'amour. Bergthora semble partante pour le faire en plein air, dans le cimetière.

Le jeune homme ne s'était pas fait prier même s'il avait à nouveau pensé à son costume tout neuf et hors de prix. Ils s'étaient allongés dans l'herbe sous un grand arbre sans se déshabiller. Elle s'était contentée d'ouvrir sa braguette, s'était débarrassée de sa petite culotte et assise à califourchon sur lui. Nom de Dieu, ce que c'est bizarre de faire ça au milieu de tous ces morts, avait-il pensé. Sur la tombe recouverte de mousses en face d'elle, elle lisait l'inscription : À mon époux bien-aimé. Repose en paix.

Elle n'avait pas immédiatement vu le corps.

Bergthora entend un bruit, et tous deux découvrent un cadavre sur la tombe de Jon Sigurdsson, combattant pour l'indépendance et héros national. Une fin sinistre pour ce qui devait être une nuit des plus chaudes.

STATUE ET TOMBE DE JON SIGURDSSON

Ce n'est pas un hasard si le jour de la naissance de Jon coïncide avec le jour où l'Islande a déclaré son indépendance en 1944. Depuis, le 17 juin est le jour de la fête nationale islandaise, qui se déroule toujours de la même manière. Une fois que le président, le cabinet tout entier, les membres du Parlement, les ambassadeurs des États représentés en Islande, les évêques et la population rassemblée ont écouté les discours (chaque année, la RUV, la télévision publique, propose des reportages en direct), un cortège s'avance de la place Austurvöllur vers la tombe de Jon Sigurdsson, empruntant le même chemin que les amants des *Roses de la nuit*. Le maire de Reykjavik et un ministre du cabinet marchent même en tête, et déposent une couronne près de l'obélisque de la tombe de Jon Sigurdsson. De nombreuses personnes qui accompagnent laissent aussi quelques fleurs. Le reste de la journée, c'est la fête du peuple dans les rues du centre de Reykjavik, il y a des petites choses à grignoter, des jeux pour les enfants, des concerts et beaucoup d'autres divertissements.

Même si dans *Les Roses de la nuit*, Erlendur croise pas mal de gens qui ne savent plus qui était Jon Sigurdsson, il semble y avoir encore des jeunes qui comprennent le rôle qu'il a joué dans l'histoire du pays, et ce qu'il incarnait. *La Muraille de lave* se termine à Holavallakirkjugardur où, juste avant de découvrir le corps congelé d'Andres, un employé découvre sur la tombe de Jon (dont le surnom était Nonni) une inscription taguée avec une bombe de peinture : *Nonni rules* (« Nonni déchire »).

Dommage qu'Erlendur n'ait pas vu cela. À ce moment-là, il est depuis plus de deux semaines dans les fjords de l'Est et ne reviendra (provisoirement ?) pas.

17• TJÖRNIN : le lac de la ville

Le jeune Erlendur fait volontiers un petit tour du lac, entre Thingholt et Vesturbaer.

> Il aimait flâner en ville pendant les belles soirées d'été : autour de l'étang de Tjörnin, dans le quartier Ouest de Vesturbaer et jusqu'à la pointe de Seltjarnarnes, ou encore dans la baie de Nautholsvik et le fjord de Skerjafjördur.

Toute l'année, on peut admirer des cygnes, des oies et des canards dans ce bel étang. Des oiseaux migrateurs comme la sterne arctique viennent s'y poser au cours de l'été. Les sternes se regroupent surtout autour de la partie arrière, au sud de l'étang, près du petit pont qui divise la pièce d'eau en deux. Elles y construisent leurs nids et s'y tiennent éloignées des curieux. Si nécessaire, elles attaqueront l'envahisseur en vol battu sans manifester aucune crainte. L'intrus repartira la tête en sang.

Les habitants de Reykjavik viennent volontiers ici s'installer sur un banc et laisser libre cours à leurs pensées, ou regarder les oiseaux. Le samedi, le nourrissage des oiseaux avec le vieux pain de la semaine est un rituel immuable pour de nombreuses familles. L'étang n'étant pas très profond, il gèle plutôt bien en hiver ; quand la couche de glace est assez épaisse, on peut s'adonner aux joies du patinage.

Au sud de Tjörnin, un petit parc accueille les promeneurs qui, en été, aiment s'allonger dans l'herbe, laisser le temps s'écouler et profiter de la vie.

AI Après *Étranges rivages*, j'ai scruté le passé et j'ai vu Erlendur jeune homme, qui venait juste de commencer à travailler dans la police. J'ai appris à le connaître d'une autre manière. C'était un processus captivant. Dans presque tous mes livres, je retourne dans le temps, ça me procure un plaisir immense de revivre une époque où les téléphones mobiles et Internet n'existaient pas, où la télévision en couleur était encore une innovation. Ce monde-là a complètement disparu. Je crois que c'est aussi plutôt inhabituel de retourner dans le temps avec son personnage principal, et d'observer comment tout a commencé. C'est cela que je trouve excitant. Mon objectif est de découvrir pourquoi Erlendur démontre une telle passion pour d'anciennes affaires non résolues. Évidemment, le traumatisme qu'il a vécu dans sa jeunesse joue un rôle important là-dedans. Mais les affaires dans *Les Nuits de Reykjavik*, en 1974, et *Le Lagon noir*, en 1979, font de lui l'enquêteur qu'il est finalement devenu. ¶

Dans *Les Nuits de Reykjavik*, Erlendur profite du calme et de la paix régnant à Tjörnin pour interroger Rebekka sur un banc, au sujet de son frère Hannibal, l'assassin potentiel d'Oddny. À l'époque jeune policier débutant dans le métier, Erlendur se retrouve confronté à cet homme, qu'il a plusieurs fois envoyé en cellule, ou qu'il a ramené chez lui pour lui éviter de mourir de froid, avec ses vêtements élimés et abîmés de clochard.

Ils descendirent la rue Laekjagata et, dès qu'ils arrivèrent au coin du théâtre Idno, ils aperçurent des enfants et leurs parents qui distribuaient du pain aux canards dans l'étang. Les oiseaux criaient, s'ébrouaient et se chamaillaient, et les enfants s'efforçaient de lancer des morceaux à ceux qui n'étaient pas parvenus à en attraper.

Ils longèrent la rive en direction du Hljomskalagardur, le parc au kiosque à musique, face au soleil.

Au départ, Rebekka se confie librement au jeune policier. Soudain, elle réalise qu'Erlendur ne l'interroge pas sur Hannibal par simple curiosité. Comme le jeune policier refuse de lui expliquer ce qu'il en est réellement, elle se lève et s'en va.

Peut-être est-ce le spectacle de l'eau qui a permis à Erlendur de réussir, un bref instant, à évoquer son passé avec une étrangère. Une chose qui ne s'était pour ainsi dire jamais produite.

Voyant qu'il ne lui répondait toujours pas, elle s'apprêta à repartir vers le centre tandis qu'il regardait l'étang de Tjörnin. Enfin, il consentit à se lever.

– Je… j'avais moi aussi un frère, s'écria-t-il.

Elle s'arrêta net et fit volte-face.

– Un frère ?

– Il a disparu, poursuivit Erlendur. Dans les montagnes des fjords de l'Est où nous vivions.

Par la suite, il raconte à Rebekka l'histoire tragique de Bergur. Il sait qu'elle aussi a perdu un frère, longtemps déjà avant sa mort physique, et qu'ils peuvent peut-être partager tous deux un même sentiment de culpabilité. Il peut aussi imaginer le désespoir qui a mené Hannibal à quitter le droit chemin.

Après cet échange de confidences, Erlendur rencontre fréquemment Rebekka. Il passe la chercher près du poste médical où elle travaille sur la rue Laekjargata, et ils rejoignent ensuite l'étang. Ils s'asseyent toujours près de l'eau, chaque fois à un endroit différent, pour parler de la mort de Hannibal et de l'assassinat d'Oddny.

AI Mes livres sont un voyage vers le monde intérieur : la souffrance, la perte, la douleur. Un voyage dont la destination est l'espoir et la délivrance. Ils parlent avant tout des personnes, de l'âme humaine. ¶

Dans *Le Lagon noir*, une affaire vieille de vingt-cinq ans ne cesse pas d'occuper les pensées d'Erlendur. Dagbjört, une jeune élève de l'École ménagère près du lac Tjörnin, a disparu sans laisser de traces. Ne la voyant pas rentrer, ses parents sont partis à sa recherche :

> Ils avaient cherché partout, arpenté les rues, enjambé des clôtures pour explorer les jardins, passé Camp Knox au peigne fin, de même que le Hljomskalagardurinn, le parc du kiosque à musique, les abords du lac de Tjörnin et les rues au pied de la colline de Thingholt.

Erlendur aussi prend la route qui longe le lac, celle empruntée habituellement par la jeune fille pour se rendre à l'école.

18• GLAUMAER/LISTASAFN ISLANDS : de la glacière au musée

Le bâtiment blanc caractéristique sur la rive ouest du Tjörnin remonte à 1916. Juste à côté de l'église en bois de Frikirkja, il a pour adresse Frikirkjuvegur 7. Il fut construit à l'origine pour servir de glacière. En hiver, de gros blocs de glace provenant du lac Tjörnin juste en face étaient découpés en morceaux et entreposés ensuite dans la glacière (*ishus*), afin de pouvoir conserver le poisson et d'autres denrées en été. L'architecte du bâtiment s'appelait Gudjon Samuelsson. Par la suite, la bâtisse a été réaffectée et utilisée comme bureau et salle de réunion. À partir de 1959, on y a organisé des soirées dansantes et, en 1961, on y a ouvert un restaurant.

Cette discothèque, qui portait le nom de Glaumbaer, était l'une des plus populaires de la ville. C'est là qu'Erlendur fait la connaissance de Halldora, sa future femme.

> Pendant longtemps, les femmes avaient été absentes de sa vie, elles ne figuraient d'ailleurs pas parmi ses priorités. Il sortait de temps à autre dans des bars avec des relations, mais le bruit et la consommation excessive d'alcool lui déplaisaient. Puis, avant que l'endroit ne soit ravagé par les flammes, il était allé à la discothèque Glaumbaer où il avait rencontré une jeune femme, Halldora. Bavarde et résolue, elle lui avait témoigné un intérêt sincère.

En 1971, l'intérieur du Glaumbaer a été démoli à la suite d'un grand incendie. Il a d'abord été question de faire renaître la discothèque, tel un phénix de ses cendres, mais des pétitions ont circulé pour s'y opposer. En 1972, Listasafn Islands, la Galerie nationale islandaise, a racheté le bâtiment. Cette organisation, créée en 1884 à Copenhague sur une initiative privée, a été intégrée en 1916 au Thjodminjasafn Islands, le Musée national islandais. L'Althingishusid a servi d'espace d'exposition de 1885 à 1950 (②). De 1951 à 1987, la collection a été hébergée dans le bâtiment du Thjodminjasafn Islands (㉒), avant d'être installée dans son site actuel de la rue Frikirkjuvegur en 1987. Depuis, l'ancienne glacière sert de musée et héberge la plus précieuse collection d'art islandais des XIXe et XXe siècles, ainsi que de nombreuses œuvres d'artistes étrangers.

GUDJON SAMUELSSON

C'est en 1919 que pour la première fois un Islandais a été diplômé en architecture. Gudjon Samuelsson (1887-1950) était architecte pour l'État islandais, et par conséquent l'un des architectes les plus influents de l'île. Certains des bâtiments les plus marquants du pays ont été conçus par lui. Hormis la glacière (⑱), les bâtiments suivants doivent également leur existence à la table de dessin de Gudjon : la Landakotskirkja (⑬), la Haskoli Islands (l'université, ㉓), le Thjodleikhusid (le Théâtre national, ㊴), l'Apotekid (anciennement pharmacie et banque, c'est aujourd'hui un restaurant-bar-hôtel, au 16 rue Austurstraeti, au coin avec la Posthusstraeti), le batiment principal de la Landsspitalinn (hôpital national) situé au croisement en triangle formé par les rues Gamla Hringbraut, Baronsstigur et Eiriksgata), l'hôtel Borg (④) et, *last but not least*, l'église Hallgrimskirkja (㉚).
Avec tous ces bâtiments, le style architectural de Gudjon Samuelsson a clairement marqué la ville de son empreinte.

19• FRIKIRKJA : une église en bois en bord de mer

Les obsèques eurent lieu dans l'intimité et la discrétion à l'église de Frikirkja.

Construite en 1899, l'église en bois est l'un des plus anciens bâtiments de la ville. Lieu de culte pour l'église luthérienne de la ville, elle accueille également de nombreux concerts.

Juste à côté de la Frikirkja se trouve la Galerie nationale. Encore un tout petit peu plus loin, un peu en arrière, la Kvennaskolinn, l'École ménagère que fréquentait Dagbjört.

20• HLJOMSKALINN : le premier local de répétition à Reykjavik

Le pavillon de musique se trouve de l'autre côté du Skothusvegur, le pont qui sépare le lac Tjörnin en deux, en lisière du parc Hljomskalagardurinn. Aménagé seulement en 1901, ce parc fut le tout premier de la ville.

Hljomskalinn a été construit en 1923 ; c'était le tout premier bâtiment d'Islande entièrement consacré à la musique (cette année-là, Jean-Sébastien Bach était mort depuis cent soixante-treize ans déjà...).

À l'heure actuelle, Hljomskalinn est toujours utilisé comme salle de répétition par des orchestres et des écoles de musique. Des enregistrements pour des programmes musicaux télévisés y sont régulièrement effectués.

21• RADHUS : l'hôtel de ville

Les abords du lac Tjörnin accueillent un autre bâtiment remarquable, celui-ci a même les pieds dans l'eau. La Radhus, construite dans les années 80, est le premier hôtel de ville que cette « vieille » capitale a jamais connu. Le projet avait soulevé une vague de protestations parmi la population, qui voyait dans la forme courbée du toit une allusion indésirable aux baraquements des soldats britanniques, puis américains, dans lesquels avaient vécu beaucoup de familles islandaises.

Plusieurs grands bâtiments se trouvent de l'autre côté du lac, à l'ouest de l'aéroport. Ils sont visibles depuis le pont de la rue Skothusvegur qui enjambe le lac Tjörnin.

22• THJODMINJASAFN ISLANDS : sagas, elfes et trolls, la naissance d'une nation

Le Musée national est le principal musée d'histoire (de l'art) en Islande. Certains objets exposés ont été offerts par des elfes à des hommes en guise de remerciement pour leur aide.

Dans *Hypothermie*, Erlendur discute avec Beta pour en savoir plus sur Gudrun, disparue depuis longtemps. Beta est la tante de Gudrun, et elle travaille comme chef de département au musée. Elle n'apprécie pas tellement qu'Erlendur remue tous ces vieux souvenirs.

> – Déterrer cette histoire me met mal à l'aise, expliqua-t-elle alors qu'elle venait de s'installer dans la cafétéria du musée avec Erlendur.

On peut visiter la boutique et le café du musée sans acheter de billet d'entrée.

23• HASKOLI ISLANDS : la plus ancienne université du pays

L'Université d'Islande a été fondée en 1911. À l'époque, elle comptait trois facultés : théologie, médecine et droit. 45 étudiants y étaient inscrits et l'université était située dans l'Althing (②). La bibliothèque universitaire ne fut créée qu'en 1940. La même année, le bâtiment principal d'aujourd'hui a été inauguré dans la rue Saemundargata.

En comparaison, la plus vieille université d'Europe a été fondée en 1088 à Bologne, et la plus vieille des Pays-Bas méridionaux, l'Université catholique de Louvain, en 1425.

Désormais, la HI fait partie du classement des 250 meilleures universités au monde. Dans l'enseignement aussi, l'Islande est parvenue à combler son retard.

AI Je suis historien de formation et j'ai suivi un cursus sur le cinéma islandais à la Haskoli Islands. Dans mes romans, c'est surtout Erlendur qui s'intéresse à l'histoire, même si je ne suis pas toujours d'accord avec ses propos. Mais je pense aussi que nous devons préserver notre héritage culturel. Et j'espère pouvoir apporter ma modeste contribution en ce sens grâce à mes livres. ¶

24• VATNSMYRI : l'attraction d'une époque révolue

Le terrain s'étendant entre l'université, la Norraena husid (㉕) et Tjörnin, de l'autre côté de la route à quatre voies Hringbraut, est aujourd'hui une petite réserve naturelle protégée au milieu de la ville. En été, des oiseaux aquatiques se reproduisent à Vatnsmyri (la « lande de l'eau »). Plus de quatre-vingts sortes de plantes vasculaires y poussent, et l'endroit sert de source au lac Tjörnin.

Au XIXe siècle, on y pratiquait encore l'agriculture, mais de 1946 à 1965 le lieu a été occupé par un parc d'attractions proposant des auto-tamponneuses, un manège, une grande roue et une piste de danse. Le Tivoli Reykjavik – son nom est un clin d'œil au grand parc d'attraction de Copenhague – était ouvert le soir et le week-end de mai à début septembre.

Marion Briem s'y rend avec Katrin, une amie du sanatorium, de retour à Reykjavik pour la première fois après la Seconde Guerre mondiale.

> Les jours suivants, Marion l'avait accompagnée en ville pour lui montrer les lieux les plus intéressants : le café Hressingarskalinn était la version la plus pauvre au monde du Select de Montparnasse, c'était le rendez-vous des poètes et des artistes, avait dit Marion avant de lui montrer le petit parc d'attractions de Vatnsmyri, puis de l'inviter à voir une comédie musicale au cinéma Gamla Bio. Peu à peu, Katrin s'était détendue, elle avait souri un peu plus souvent, s'était amusée et avait apprécié de découvrir Reykjavik avec Marion.

En réalité, le domaine situé à l'ouest de l'autre côté de la rue Njardagata, et sur lequel se trouve l'actuel aéroport de Reykjavik, fait aussi partie de Vatnsmyri. Depuis des décennies, on planifie d'y aménager une zone mixte comprenant une réserve naturelle protégée et un quartier résidentiel. Le code postal 102, qui n'a jusqu'à présent pas encore été utilisé, serait réservé à ce petit coin de Reykjavik.

25• DECODE : quand l'ADN de tout un peuple est en jeu

À côté de l'université, on trouve la Nordic house (Noraena husid), édifice caractéristique conçu par l'architecte et artiste finlandais Alvar Aalto. Près de celle-ci, un bâtiment affichant une façade en courbe, qui appartient à l'université. À gauche de celui-ci, un peu en retrait, se trouvent les bureaux de deCODE Genetics, la plus importante entreprise (et peut-être la seule) en Islande à faire de la recherche génétique à grande échelle.

Dans *La Cité des jarres*, Erlendur fait une découverte extraordinaire concernant la Cité des jarres, au dernier étage de la morgue de Baronsstigur : des organes y sont conservés à des fins scientifiques, dans des bocaux pleins de formol. Pendant son enquête, Erlendur interroge un médecin ayant l'étrange hobby de collectionner les organes chez lui. Il raconte à l'enquêteur qu'il s'agit d'une nouvelle Cité des jarres. Elle ne fait plus partie de l'université, mais d'une entreprise privée : « l'Institut islandais pour la recherche sur la génétique », comme la nomme l'auteur dans son livre.

La surprise d'Erlendur augmente avec cette seconde découverte : le médecin lui montre les organes qu'il conserve chez lui.

Quand Erlendur en discute avec Karitas, la directrice de l'institut, il ne peut masquer sa réprobation, tandis que celle-ci ne voit aucun mal à ce projet. En Islande, les dossiers médicaux de tous les citoyens sont conservés dans un seul et même endroit. Mais le problème est que quelqu'un a réussi à consulter la base de données de l'entreprise et à l'utiliser. Les informations les plus personnelles de la population tout entière sont exposées à tout-va. La directrice souhaite résoudre ce problème en interne, « pour éviter d'être en butte à la vindicte populaire ».

Elle pense uniquement à sa propre réputation et à celle de l'entreprise, et ne voit pas, ou ne veut pas voir, ce qui est réellement en jeu.

En rassemblant des arbres généalogiques, on peut découvrir des renseignements que des familles préféreraient garder secrets, ou dont elles ne parlent même pas en leur sein. Si une base de données génétique est rendue publique, des informations qui peuvent avoir un impact direct sur la vie des gens sont désormais accessibles.

> – Et vous êtes les dépositaires de tous ces secrets-là, dit-il. Les vieux secrets de famille. Les tragédies, les deuils et les morts, tout cela parfaitement classé dans les ordinateurs. Des histoires familiales et individuelles. Mon histoire et la vôtre. Vous conservez tous ces secrets et pouvez les ressortir à volonté. Une Cité des jarres qui englobe toute la population.

L'ADN ISLANDAIS ET LA SCIENCE

Dans la vraie vie aussi, il y a un débat en Islande sur la question du stockage des informations génétiques. L'entreprise mentionnée à laquelle fait allusion *La Cité des jarres* (bien qu'elle se situe ailleurs dans le livre) a réellement accès à l'ADN de presque toute la population islandaise. Quand cette entreprise s'est retrouvée entre

des mains étrangères, cela a suscité une forte résistance dans le pays. Mais les protestations n'ont pas changé grand-chose, la transaction était déjà conclue.
Pour les généalogistes, l'Islande est un terrain de recherche presque paradisiaque : l'ADN de la population y est en effet exceptionnellement homogène. Étant donné que le pays est une île, de surcroît éloignée du reste du monde habité (surtout quand les avions n'existaient pas encore), les Islandais ont surtout fait des enfants entre eux.
Le seul sang frais provenait d'une poignée de naufragés, principalement des Français, dont les navires avaient coulé pendant l'exploration des riches zones de pêche.
Les femmes islandaises étaient dans ce cas suffisamment intelligentes pour comprendre qu'avec une population aussi petite que celle de l'Islande, c'était une bonne action d'enrichir le patrimoine génétique. Et leurs maris étaient de toute façon le plus souvent en mer...

26• THINGHOLT : le quartier le plus branché du centre-ville

À l'ouest de l'étang, du côté de la Frikirkja, commence le quartier de Thingholt. Le nom de Thingholt vient de la ferme construite là en 1765. Même si la ferme n'est restée que six ans à l'endroit qu'occupe maintenant le numéro 3 de la rue Thingholtstraeti, toutes les maisons du quartier ont tiré leur nom de celle-ci. Finalement, le nom a été donné au quartier tout entier.

À strictement parler, seule la partie la plus basse de cette colline est appelée Thingholt mais, de plus en plus, l'appellation est utilisée au sens large pour désigner le triangle formé par le haut de la rue Krikirkjuvegur, le côté ouest de la rue Skolavördustigur jusqu'à l'église Hallgrimskirkja et la rue Njardargata.

Thingholt est un sympathique quartier pittoresque, où d'anciennes maisons en bois de toutes les couleurs côtoient des rues commerçantes et des lieux branchés où sortir le soir.

Dans *La Rivière noire*, Elinborg évoque ce quartier, où elle a autrefois loué une habitation :

> Les constructions datant d'époques diverses retraçaient l'histoire de l'architecture sur tout un siècle, certaines étaient de simples maisons de prolétaires, d'autres d'imposantes bâtisses construites par des négociants. La classe ouvrière et la bourgeoisie y avaient toujours vécu en bonne intelligence jusqu'à ce que le quartier se mette à attirer des jeunes qui refusaient l'extension perpétuelle de l'agglomération et préféraient venir se nicher au plus près du cœur de la capitale. Des artistes et toutes sortes de bobos étaient venus s'y installer. Quant aux nouveaux riches, démesurément riches, ils avaient acquis les anciens palais des grossistes d'autrefois. Désormais, les habitants arboraient le code postal du quartier comme signe de reconnaissance. C'était le 101 Reykjavik.

Autrement dit, Thingholt est le « Grachtengordel » de la ville. Et le second quartier des ambassades.

Dans *La Rivière noire*, Nina se souvient d'avoir longé l'ambassade américaine avec Runolfur lors de cette soirée fatale, tandis qu'ils se dirigeaient vers sa maison. Quand elle se réveille, il gît dans une mare de sang, la gorge tranchée. Elle appelle son père et essaye d'identifier où elle se trouvait précisément.

L'ambassade américaine se situe sur la rue Laufasvegur qui croise la rue Hellusund à un petit rond-point. La statue de l'ours de Berlin indique que le lieu est à une distance de 2 380 kilomètres de la capitale allemande. Juste après le rond-point, sur le côté droit, les ambassades britannique et allemande, côte à côte dans une maison mitoyenne (les Pays-Bas et la Belgique ne possèdent pas d'ambassade en Islande).

Dans *La Femme en vert*, Erlendur se rend à l'ambassade britannique car il souhaite en savoir davantage sur les baraquements de l'armée pendant la Seconde Guerre mondiale. Il est aidé par « Appelez-moi simplement Jim », le secrétaire de l'ambassade, qui vit depuis vingt ans en Islande, est marié à une Islandaise et parle islandais. Il évoque les baraquements avec Erlendur :

> – [...] Un détachement du 16e régiment d'infanterie était chargé du fortin mais je n'ai pas encore découvert les noms de ceux qui se trouvaient dans les baraquements. Il me semble qu'il y avait également un entrepôt à provisions. Pourquoi cet entrepôt se trouvait-il à Grafarholt, je ne le sais pas vraiment, en tout cas, il y avait des baraquements et des fortins un peu partout, en allant vers la vallée de Mosfellsdalur, vers le fjord de Kollafjördur et celui de Hvalfjördur.

Arnaldur Indridason est très doué pour intégrer de grandes quantités d'informations à son récit sans pour autant ralentir l'intrigue. Il est également passé maître en matière d'indices. Ainsi, même si nous lisons que le meurtre de Runolfur a été commis au numéro 18, l'auteur ne précise pas dans quelle rue cela s'est produit. Sur la base des descriptions, indices et itinéraires fournis dans le livre, nous savons toutefois que Runolfur habitait dans la partie basse de Thingholt. Il peut donc seulement s'agir des rues Laufasvegur, Thingholtsstraeti, Grundarstigur ou Ingolfsstraeti.

Le talent d'Indridason se manifeste aussi dans le développement détaillé des données historiques et sociogéographiques ; juste en face du 18 Laufasvegur se trouve en effet l'ambassade des États-Unis, équipée de caméras de surveillance. Le numéro 18 de la rue Thingholtsstraeti n'existe pas, le même numéro sur la rue Grundarstigur abrite un parking et celui de la rue Ingolfsstraeti ne correspond pas aux descriptions du livre.

Cerise sur le gâteau : le dernier bâtiment évoqué a une importance historique. En effet, c'était l'habitation du premier écrivain professionnel islandais, Torfhildur Thorsteinsdottir Holm (1845-1918). Véritable pionnière, Torfhildur était aussi la première femme auteur du pays, dont les romans ont été publiés en Islande. Elle a été le premier auteur islandais à publier un roman historique (en 1882) et à percevoir des émoluments de la part des autorités pour la qualité de son œuvre. Au Parlement, l'idée a d'ailleurs été avancée de transformer cette rémunération en pension de veuve, les positions soutenues par l'auteur dans ses livres n'étant pas appréciées de tous.

AI Mes livres sont des romans de fiction et je ne veux pas que, plus tard, des gens puissent dire que tous ces événements ont eu lieu chez eux. Parfois, les bâtiments ont une fonction, comme le bureau principal de la police de la rue Hverfisgata, mais s'il s'agit de maisons privées, alors ce sont bien des cadres authentiques, et peut-être typiques. Mais s'ils sont décrits de manière concrète, je les invente bien, intérieurement comme extérieurement. ¶

Grétar, un voyou, également photographe amateur, était de sortie dans Keflavik en compagnie de Kolbrun et de celui qui allait la violer cette nuit-là. Gretar habitait à Thingholt, mais disparut soudainement durant l'été 1974.

– Sa dernière adresse connue était à Bergstadastraeti où il louait une chambre.

CHOIX DES COULEURS COMPLÈTEMENT LIBRE POUR LES TOITS ET LES FAÇADES

En Islande, il n'existe pas de règle relative à la couleur des toits et des murs. Cela irait d'ailleurs totalement à l'encontre de l'esprit islandais, qui a les règles et les réglementations en horreur, sans parler même de les respecter. Chaçun peut faire ce qu'il veut de sa maison. Ainsi, on assiste parfois à une véritable explosion de couleurs sur les maisons en bois de ce quartier – certaines combinaisons étant plus réussies que d'autres. Les propriétaires de maisons situées dans le centre doivent veiller à ce que les façades et le jardin soient bien entretenus – sous peine de recevoir une amende.

En résumé, Thingholt mérite vraiment le détour.

27• HÔTEL HOLT : la plus vaste collection d'art privée

Certains voient cet hôtel sis au 37 Bergstadastraeti – il ne s'agit donc pas de l'hôtel Borg – comme celui ayant servi de modèle pour l'hôtel dans *La Voix*. Arnaldur Indridason reste silencieux à ce sujet.

Ce très vieil hôtel (pour les standards de la ville) abrite la collection de peintures privées la plus grande du pays. La plupart sont à admirer dans le restaurant, mais des tableaux sont aussi accrochés dans le hall et dans différents espaces du rez-de-chaussée. C'est aussi là qu'a été prise la photo d'Arnaldur Indridason sur laquelle on voit à l'arrière-plan un énorme tableau représentant une femme âgée qui tourne le dos à l'océan ; son visage est creusé par la vie éprouvante qu'elle a menée.

28• FOYER DE FARSOTT : la clinique des maladies contagieuses transformée en foyer pour sans-abris

La rue s'appelle encore Spitalastigur (« rue de l'Hôpital »), même s'il n'y a plus d'hôpital depuis longtemps. Jadis, il y en avait bien un au carrefour avec la Thingholtsstraeti. La grande bâtisse en bois de cet hôpital de quarantaine érigé en 1884 tient toujours debout. On la désigne généralement sous le nom de Farsottarhus (« foyer de Farsott » ou « maison de l'épidémie »). Le père de Nina, Konrad, y a séjourné un temps. Il a conservé des broches de sa poliomyélite.

Dans *La Rivière noire*, Elinborg est à la recherche de personnes portant une broche. Un certain Lukas lui raconte ce qui s'est passé quand on lui a diagnostiqué une poliomyélite.

> – Et on vous a envoyé à Farsott ?
>
> – Oui, on m'a placé en quarantaine dès qu'on a compris ce qui se passait réellement et j'ai été envoyé à Reykjavik, dans cette clinique des maladies contagieuses. Les patients venaient d'un peu partout ; c'étaient principalement des enfants et des adolescents.

Depuis les années 70, le foyer de Farsott fait office d'abri de nuit pour les sans domicile fixe qui peuvent recevoir ici un repas et un lit, à condition d'être sobres. Vu le climat rigoureux de l'Islande, ce n'est pas un luxe superflu.

> Les clochards pouvaient trouver refuge dans l'ancien bâtiment de Farsott, rue Thingholtsstraeti. Un grand nombre d'entre eux venaient y chercher un peu de réconfort et un lit pour la nuit. Le règlement exigeait qu'ils ne soient pas ivres. Hannibal s'y était évidemment heurté plus d'une fois. Peut-être était-ce la raison pour laquelle il avait fini par aller s'enterrer dans ce trou comme un clochard qu'il était, à l'abri des remarques, loin de la société des hommes.

29• HEGNINGARHUSID : un tout autre type d'hébergement

Au numéro 9 de la Skolavördustigur se trouve un édifice en pierres brutes plutôt inhabituel pour l'Islande et Reykjavik. Il s'agit de l'hôtel le moins cher de la ville. On ne le trouve sur aucun site de réservation, mais il affiche presque toujours complet. La formule *all-inclusive* est obligatoire et s'accompagne d'un inconvénient de taille : on ne peut en franchir la porte qu'une seule fois, et pour en ressortir il faut attendre l'aval de la direction. La Hegningarhusid, littéralement « maison de correction », est la prison de Reykjavik. Elle héberge les auteurs de crimes de moindre importance.

En lisant cela, on comprend mieux le raisonnement du jeune Erlendur qui, dans *Les Nuits de Reykjavik*, pourchasse un voleur de bijoux depuis la rue Skolavördustigur jusqu'à la rue Lindargata, avant de pouvoir finalement le coincer :

Erlendur s'apprêtait à ramener son prisonnier rue Skolavördustigur quand il se rendit compte qu'il serait plus court d'aller directement au commissariat de Hverfisgata où on le mettrait en cellule.

Les mauvais garçons sont emprisonnés au beau milieu d'un champ de lave, raison pour laquelle cette prison est aussi appelée Litla-Hraun, « Petite Lave ». Dans *La Cité des jarres*, Erlendur se rend à Litla-Hraun (58) avec Sigurdur Oli pour interroger Ellidi, qui s'y trouve déjà depuis un certain temps. Sigurdur Oli ne se rappellera sans doute pas volontiers cette sortie ; il y a récolté un douloureux saignement de nez.

Il n'y a pas si longtemps, la rue Skolavördustigur n'appartenait pas encore au territoire de Reykjavik qui a atteint tardivement, après la Seconde Guerre mondiale, la taille d'une ville. Dans les années 40, la capitale ne comptait que 60 000 habitants. Mais, en 1941, 60 000 soldats américains arrivèrent d'un coup, tous beaux et en bonne santé, qui ne devaient pas tirer le diable par la queue et qui apportaient avec eux cigarettes, chewing-gums, bas nylon et dollars. À ce moment-là, il y avait sur l'île autant de jeunes soldats américains, pour la plupart célibataires, que de citoyens islandais masculins. Rien d'étonnant à ce que cela ait suscité l'intérêt de la gent féminine et la jalousie des hommes.

ASTANDID : « LA SITUATION »

Le gouvernement islandais et le commandement militaire essayèrent, par diverses mesures, d'empêcher les soldats d'avoir des relations avec les Islandaises – ce qui fut bien

sûr impossible. Cette politique n'a pas été bien exécutée, du moins en dehors des grades les plus élevés. Le danger résidait dans un éventuel dérèglement de la société islandaise. Dans *La Femme en vert*, « la Situation » joue un rôle important.
Les jeunes femmes qui avaient une liaison avec un soldat étaient souvent considérées comme des traîtresses. Certaines tombaient enceintes, il y a même eu des cas de prostitution enfantine. Les jeunes Islandais voyaient leurs chances de fonder une famille décliner. *Astandid*, « la Situation », c'est ainsi qu'on nomma, par euphémisme, ce grand problème. Parmi la population, une inquiétude fondamentale se propagea, relative à la survie du peuple islandais. On l'avait vu ailleurs : les femmes qui nouaient des relations avec des soldats quittaient souvent leur pays pour suivre leur amoureux. Ceci pouvait avoir des conséquences désastreuses sur la pérennité de la population de l'île. Avec une armée d'occupation si importante proportionnellement au nombre d'habitants, ce n'était pas inconcevable. Cependant, ce ne fut pas le cas. En définitive, seules quelques centaines de femmes suivirent leur amant de l'autre côté de l'océan.

Un complexe de l'armée composé de baraquements se dressait aussi rue Skolavörduholt ; aujourd'hui, ce type de bâtisses aux toits en demi-lune, recouvertes de plaques de tôle ondulée, est encore visible, principalement hors de la ville.

De nos jours, la rue Skolavördustigur fait bien partie du centre. C'est devenu un quartier commerçant des plus agréables, avec des boutiques sympas, des petits restaurants, des cafés, une librairie, le célèbre magasin de disques « 12 Tonar » et plusieurs bijoutiers.

Ces derniers sont justement à l'origine de la course-poursuite rue Skolavördustigur. Dans *Les Nuits de Reykjavik*, Erlendur, alors jeune policier, est aux trousses d'un voleur ayant cambriolé une bijouterie aux environs de six heures du matin. Deux autres policiers l'accompagnent. Ils se précipitent sur lui tandis qu'Erlendur attend dehors pour cueillir le voleur.

> Le cambrioleur tomba nez à nez avec lui. Se voyant piégé, il fit volte-face et traversa à toute allure la rue Skolavördustigur avant de disparaître dans Smidjustigur, échappant à Erlendur qui se lança aussitôt à sa poursuite et perdit sa casquette dans la rue, mais il ne s'arrêta pas dans son élan.

Dans cette scène aussi, Indridason jongle volontiers avec la réalité et la fiction. Des bijouteries sont effectivement installées dans la rue Skolavördustigur, mais elles se trouvent principalement au carrefour où s'achève la rue Smidjustigur. Comme le cambrioleur traverse avant d'emprunter cette rue, il ne peut vraisemblablement pas s'agir d'un magasin existant.

L'ancien critique de cinéma a aussi ajouté ici un clin d'œil. Beaucoup se sont demandé pourquoi les policiers dans les films ne perdaient jamais leur chapeau, même si ça paraît invraisemblable.

30• HALLGRIMSKIRKJA : la plus grande église d'Islande

Érigée sur la colline, cette église, visible de presque partout dans le centre-ville, constitue un point de repère important. C'est pourtant la grande absente des romans d'Erlendur.

Les premiers plans de l'édifice datent de 1929, mais les travaux de construction ont seulement commencé après la Seconde Guerre mondiale, en 1945. Il y avait de moins en moins d'argent et le projet a finalement été financé à soixante pour cent par des dons. Ces dons pouvaient être aussi bien en argent qu'en nature ; si une maison était construite ailleurs et qu'il y avait un surplus de béton, les constructeurs de l'église demandaient de le garder. Du béton de qualité très variable a donc été utilisé, ce qui plus tard a nécessité de nombreuses rénovations.

Il a fallu attendre 1974 pour que l'église soit consacrée. La nef n'a, pour sa part, été terminée qu'en 1986. Avec sa tour haute de 74,5 mètres, l'Hallgrimskirkja est officiellement la plus grande église d'Islande.

L'architecte de l'État Gudjon Samuelsson (1887-1950) souhaitait rappeler avec ces murs caractéristiques les colonnes basaltiques formées de lave ; la couleur claire, elle, rappelle les glaciers. Ce lieu de culte est une paroisse luthérienne, l'église officielle en Islande. C'est l'église d'Austurvöllur, beaucoup plus petite, mais aussi bien plus ancienne, qui est la cathédrale luthérienne de Reykjavik (③). L'église Hallgrimskirkja accueille de nombreux concerts et de grands services commémoratifs.

En 1992, un concert d'inauguration des orgues, aux proportions gigantesques et conçues par Johannes Klais Orgelbau à Bonn, s'est déroulé dans l'église. Leur son est produit grâce à 5 275 tuyaux, dont le plus haut mesure quinze mètres. Au total, l'instrument pèse 25 tonnes. Ce sont certainement les seules orgues de cette dimension présentes sur l'île.

La tour est accessible par ascenseur et offre, depuis le carillon, une vue magnifique sur la ville et ses alentours, dans toutes les directions. La grande cloche a été moulée à la fonderie Eijsbouts, à Asten, dans le Brabant-Septentrional (Pays-Bas).

À l'origine, la tour de l'église Hallgrimskirkja était aussi censée servir d'antenne-relais pour la télévision, mais le projet a finalement été abandonné.

L'église tient son nom de Hallgrimur Pétursson (1614-1674), un pasteur influent, bien qu'il n'ait jamais terminé ses études. De nos jours, il est également considéré comme un grand poète. Son œuvre la plus célèbre est la *Passiusalmar*, un recueil d'hymnes sur la passion du Christ datant de 1659. Cette cinquantaine d'hymnes sont récités et chantés dans les semaines qui précèdent la fête de Pâques. Le livre continue encore aujourd'hui d'être imprimé.

L'église Hallgrimskirkja reflète le rapport des Islandais avec le christianisme. Ainsi, l'édifice ne porte pas, comme c'est généralement le cas, le nom d'un saint. Et le sculpteur Einar Jonsson a modelé les mains de la grande statue surhumaine de Jésus sur le modèle de celle du politicien socialiste et dirigeant syndical Gudmundur Jaki Gudmundsson. En outre, une statue de Leif Eiriksson trône devant l'église, comme celle d'un saint patron.

Leif était un Viking païen dont le père avait découvert le Groenland. Leif poursuivit encore vers l'ouest et, autour de l'an 1000, débarqua, avec son équipage de 35 hommes, sur un morceau de terre qu'il appela Vinland (le « Pays du vin »). Ils rentrèrent avec l'intention d'y retourner plus tard avec d'autres hommes, ainsi que des femmes, pour s'établir sur cette bande côtière. C'est ce qu'ils firent, mais bientôt les conflits avec les autochtones s'accumulèrent. Après quelques années, ils furent contraints d'abandonner leur colonie. Peut-être n'ont-ils jamais compris qu'ils avaient quitté l'une des terres les plus fertiles au monde. Quelque cinq cents ans avant Christophe Colomb, Leif et ses hommes avaient découvert l'Amérique.

La statue qui se trouve devant l'Hallgrimskirkja a été offerte par le peuple américain au peuple islandais à l'occasion de l'anniversaire du millénaire de l'Althing en 1930. Elle a été placée devant l'église.

31• LA MORGUE DE *LA CITÉ DES JARRES* : quand des organes sont conservés dans du formol

Au croisement des rues Baronsstigur, Gamla Hringbraut et Eiriksgata se trouvent les bâtiments de l'hôpital universitaire. Le travail d'Erlendur l'amène, un peu à contrecœur, à se rendre régulièrement dans l'un de ces bâtiments, la morgue située sur Baronsstigur.

Dans *La Cité des jarres*, Frank, le médecin d'Audur, la petite fille décédée, explique à Erlendur la raison pour laquelle la Cité des jarres est dénommée ainsi :

> Frank regarda Erlendur d'un air pensif.
>
> – Je suppose que vous n'avez jamais entendu parler de la Cité des jarres ?
>
> – La Cité des jarres ?
>
> – Oui.
>
> – Comment ça ? Quelle Cité des jarres ?
>
> – On l'a fermée, si mes informations sont exactes, il n'y a pas si longtemps. C'était comme ça qu'on surnommait ces salles. La Cité des jarres.
>
> – Quelles salles ?
>
> – Là-bas, à Baronsstigur. C'était là qu'ils entreposaient les organes.
>
> – Les organes ?

– Ils étaient conservés dans du formol à l'intérieur de bocaux en verre. Toutes sortes d'organes, provenant des hôpitaux. À des fins pédagogiques. En médecine générale, en anatomie, en physiopathologie, enfin toutes ces disciplines aux noms compliqués. Ils étaient entreposés dans une salle que les étudiants en médecine surnommaient la Cité des jarres. Des intestins, des reins, des membres. Ainsi que des cerveaux.

– Et ils provenaient des hôpitaux ?

– C'est à l'hôpital que les gens meurent. Et qu'ils sont autopsiés. Et ils ne sont pas tous remis en place, certains sont mis de côté pour les cours. À cette époque, on les envoyait à la Cité des jarres.

Les livres d'Arnaldur Indridason ne donnent pas de détails anatomiques ni d'explications détaillées sur les autopsies.

AI Personnellement, je ne suis pas très intéressé par les détails d'une autopsie ou du travail de recherche technique. J'écris dans la tradition du social-réalisme comme l'ont fait les précurseurs Sjöwall et Wahlöö. Leur travail m'a beaucoup influencé, tout comme celui d'Ed McBain. Je m'intéresse aux gens, à leur caractère, au policier en tant que personnage ordinaire du quotidien, et pas en tant que super-héros. Les romans policiers m'offrent une belle occasion d'étudier différents aspects de la société. ¶

Même si Erlendur a un sens de l'humour plutôt particulier, il ne semble franchement pas apprécier les plaisanteries douteuses, surtout dans un lieu aussi macabre que la morgue.

Le médecin légiste retira l'une de ses mains du cadavre.

– Je vais rédiger l'acte de décès, annonça-t-il. Ensuite, vous l'enverrez à la morgue de Baronsstigur et ils procéderont à l'autopsie. On dit que la jouissance est une petite mort, ajouta-t-il en baissant les yeux sur le corps. Dans le cas présent, il a fait coup double.

– Coup double ? demanda Erlendur qui ne saisissait pas.

– Je veux dire qu'il a doublement joui, précisa le médecin. C'est vous qui prenez les photos, n'est-ce pas ?

– Oui, répondit Erlendur.

– Ça va faire joli dans son album de famille.

– J'ai l'impression qu'il n'a pas la moindre famille, répondit Erlendur en regardant alentour. Donc, tu as terminé pour l'instant ? demanda-t-il, espérant se débarrasser de ce comique.

BARONSSTIGUR

L'Islande n'a jamais eu de roi ou de noblesse qui lui soient propres. La rue Baronsstigur tient son nom du baron français Charles Gauldrée Boilleau, qui vint en Islande en 1898. Dans cette rue, il fit construire ses étables. Le bâtiment existe toujours, au numéro 4 ; il abrite aujourd'hui un supermarché ouvert 24h/24.

32• NORDURMYRI : de la fourberie dans la construction immobilière

« Tout ça, ce n'est rien d'autre qu'un foutu marécage. »

Erlendur Sveinsson, en mission,
au début de *La Cité des jarres*

De l'autre côté du boulevard Snorrabraut (où se trouvait la première habitation de la Thaïlandaise Sunee, de son mari et de leurs deux fils, dans *Hiver arctique*), commence le petit quartier de Nordurmyri.

> La scène se passait dans un appartement au sous-sol d'un petit immeuble à deux étages dans le quartier de Nordurmyri. L'immeuble se trouvait à l'intérieur d'un petit parc entouré d'un mur sur trois côtés. Les arbres avaient perdu leurs feuilles qui recouvraient le parc, en rangs serrés, sans laisser nulle part apparaître la terre, et les arbres aux branches tourmentées s'élançaient vers la noirceur du ciel. Un accès couvert de gravier menait à la porte du garage.

Arnaldur Indridason décrit ici un complexe d'immeubles d'appartements gris tel qu'il en y avait beaucoup dans ce quartier sorti de terre entre les années 30 et 50. En 1927, le projet initial était de construire une grande gare ferroviaire sur ce terrain alors inexploité. Mais, à l'heure actuelle, aucun train n'a jamais roulé en Islande. D'un point de vue géologique, l'île est encore très jeune et se situe sur la ligne de faille entre les plaques tectoniques eurasiatique et nord-américaine. Cela signifie qu'elle est souvent en mouvement et que des tremblements de terre sont toujours possibles. Sans oublier l'activité des volcans. Outre ces deux phénomènes, l'Islande a un autre adversaire de taille : le vent. Il souffle parfois si fort que les pare-brise en sont cassés. Une voiture qui roule le long de la côte peut, en l'espace de quelques heures, être complètement ensablée du côté des montagnes, au point que la peinture en soit complètement écaillée. On ne peut donc pas envisager la création d'un transport ferroviaire régulier. Si les autorités mettent en garde contre les risques météorologiques, laissez votre voiture à l'abri : aucune assurance ne vous versera le moindre centime pour ce type de dégât. En outre, en cas d'intempérie, c'est un réel défi de maintenir son véhicule sur la route et de ne pas terminer dans le fossé. De temps à autre, la possibilité d'instaurer une liaison ferroviaire reliant Reykjavik à l'aéroport de Keflavik est bien évoquée mais, jusqu'à présent, l'idée en est restée au stade de belle promesse politique.

Après le rejet des plans pour la gare de Nordurmyri, un quartier résidentiel a été construit sur le terrain. Il n'y avait pas beaucoup d'argent, le béton était donc d'assez piètre qualité. De plus, on n'a pas tenu compte de la nature marécageuse du sol (Myri signifie pourtant « marais, marécage »). Le risque existe que les maisons du quartier s'affaissent, l'affaissement pouvant aller jusqu'à un mètre. Il n'est pas rare de voir des maisons présentant de larges fissures, y compris sur les façades extérieures plâtrées avec du sable. Chaque hiver, la situation empire et impose de nouvelles réparations.

Ce tout petit quartier est délimité par le boulevard Milkabraut au sud, la rue Raudararstigur à l'est, la rue Snorrabraut à l'ouest et la rue Laugavegur au nord (parfois on englobe aussi les rues Njalsgata ou Grettisgata), donc juste au sud du bureau de police principal situé dans la rue Hlemmur. Arnaldur Indridason entretient la confusion sur les limites du quartier pour laisser ses lecteurs dans l'ignorance sur le nom de la rue où se passe la scène suivante. Erlendur, pris de panique, recherche sa fille Eva Lind :

Il sortit à toutes jambes de l'appartement et démarra en direction de Hlemmur sur les chapeaux de roues. Il n'y avait pas âme qui vive. Le terminal des bus fermait à minuit. Il laissa sa voiture et marcha d'un pas pressé jusqu'au boulevard Snorrabraut, longea en courant les maisons du quartier de Nordurmyri en scrutant les jardins à la recherche de sa fille. Il se mit à crier son nom en approchant de l'Hôpital national, mais n'obtint aucune réponse.

Il la trouva finalement, étendue dans son propre sang sur une plaque d'herbe à l'intérieur d'un buisson à quelque cinquante mètres de la maternité. Il ne lui avait pas fallu bien longtemps pour la localiser. Malgré cela, il arrivait trop tard. L'herbe en dessous de son corps portait des traces de sang et son pantalon en était couvert.

Erlendur se mit à genoux à côté de sa fille, leva les yeux en direction de la maternité et se revit lui-même, bien des années auparavant, passer ces portes, accompagné de Halldora, par une journée pluvieuse au cours de laquelle Eva Lind était venue au monde. Avait-elle l'intention de mourir en ces mêmes lieux ?

L'ANCIENNE MATERNITÉ

À l'époque de cet épisode, l'ancienne maternité se trouvait encore au 37 rue Eiriksgata, au coin avec la rue Thorfinnsgata. Aujourd'hui, le bâtiment abrite le service d'ophtalmologie de l'hôpital Landspitali.

Eva Lind survit, mais perd son bébé au septième mois. Les bâtiments de la Landspitali Haskolasjukjahus (l'hôpital universitaire national) se situent juste à l'ouest du boulevard Snorrabraut, juste au sud du quartier Nordurmyri.

Erlendur a obtenu de Marion Briem quelques informations sur le quartier et partage son savoir avec ses très jeunes collègues, pas uniquement pour leur montrer qu'il est un puits de science, mais aussi pour leur communiquer des renseignements utiles dans l'affaire en cours.

– Nordurmyri fait en quelque sorte figure de village indépendant, ici, en plein centre-ville de Reykjavik, poursuivit Erlendur. Les maisons ont été construites pendant et après la guerre. L'Islande est devenue une république indépendante et les rues ont été baptisées d'après les grands hommes des Sagas : la voie de Gunnar, la rue de Skeggi, etc. Dans ce quartier, toute une faune extrêmement diverse de gens s'est rassemblée, des gens plutôt aisés, voire riches, occupant d'opulentes demeures, des gens qui n'avaient pas le sou et louaient des appartements bon marché en rez-de-jardin comme celui-ci. Dans le quartier de Nordurmyri, on trouve un grand nombre de studios [...].

En effet, les noms des rues du quartier sont principalement empruntés à ces trois livres : le *Landnámabók* (le « Livre du nom du pays »), le *Njalssaga* et le *Laxdaelusaga*.

Les appartements en sous-sol sont aussi très typiques de l'Islande, et en particulier de Reykjavik. Le manque de logements a conduit de plus en plus de gens à s'installer dans ces espaces qui, il est vrai, avaient une autre fonction à l'origine, comme expliqué dans *La Cité des jarres*.

– Autrefois, ils n'étaient pas destinés à servir d'habitation mais un grand nombre de propriétaires les ont modifiés, ont installé des cuisines, des chambres, des salons. Autrefois, ces caves étaient simplement utilisées à des fins professionnelles, enfin, comment est-ce que Marion a appelé ça, déjà ? Des communs. Vous voyez ce que c'est ?

Les deux secouèrent la tête.

– Naturellement, vous êtes tellement jeunes, observa Erlendur sachant fort bien qu'ils ne supportaient pas ce genre de remarque de sa part. Dans les caves comme celles-ci, se trouvaient les chambres de bonne. Les meilleures maisons employaient des bonnes. Elles occupaient des pièces dans des trous comme celui-ci. Il y avait aussi la buanderie, la pièce à faire les conserves et le boudin, par exemple, la remise, la salle de bain et tout ce genre de choses.

Avant la crise financière de 2008, c'était l'usage d'acheter sa maison ou son appartement. Presque personne ne louait son logement. Si quelqu'un le faisait quand même, cela signifiait souvent « que quelque chose n'allait pas ». C'était le fait de personnes en instance de divorce, ou de chômeurs de longue durée, des événements malheureux qui en Islande n'arrivaient presque jamais ; cela semblait donc toujours un peu louche. Aujourd'hui, il est beaucoup plus courant de louer. Presque tous les appartements en sous-sol, du moins à Reykjavik, sont habités. Comme ces logements sont moins lumineux, ils sont aussi meilleur marché que ceux des étages supérieurs.

Dans *La Cité des jarres*, Einar, victime et coupable, vit à Nordurmyri, tout comme Holberg, coupable et victime. Erlendur et Sigurdur Oli vont inspecter attentivement l'appartement en sous-sol d'Einar, dans la rue Storagerdi.

AI Quand j'entame un nouveau livre, je ne sais pas toujours qui est le coupable. Ça dépend des livres. Il y a toujours un thème, par exemple le viol, les violences conjugales ou les relations familiales. Certains personnages sont déjà bien clairs dans ma tête, mais la plupart pas du tout.
Quand je m'installe pour travailler, les détails commencent à affluer. C'est pour moi le moment où le processus créatif démarre : m'asseoir devant l'ordinateur et laisser les choses se produire. Je n'ai pas besoin de connaître la fin, je n'ai même pas encore besoin de savoir qui a fait quoi. Parfois, je le sais depuis le départ, parfois seulement à la fin.
J'aime me surprendre moi-même. J'aime que mes personnages me surprennent. ¶

33• HÔTEL LOFTLEIDIR : au sujet de Bobby Fisher, de photos compromettantes et d'un cadavre

Au sud de Nordurmyri, au croisement des boulevards Hringbraut et Miklabraut, l'hôtel Loftleidir se situe immédiatement à l'ouest de l'aéroport. À Reykjavik, l'aéroport se trouve juste à côté du centre-ville. Les Britanniques l'ont construit pendant la Seconde Guerre mondiale. Il est, aujourd'hui encore, utilisé pour des vols intérieurs, des vols vers les îles Féroé et le Groenland.

Dans *Le Duel*, il est écrit que Bobby Fischer, venu pour la « partie d'échecs du siècle », a passé une nuit dans l'une des suites de cet hôtel.

Dans *Les Nuits de Reykjavik*, le jeune Erlendur et son collègue sont en route vers l'hôtel Loftleidir, après avoir reçu un appel téléphonique.

Un couple de quinquagénaires qui se promenait dans les environs avait aperçu un homme couché dans l'herbe à quelques mètres de la route. Ils l'avaient appelé et, voyant qu'il ne réagissait pas, s'étaient approchés. Il semblait mort. Ils s'étaient alors précipités vers l'hôtel Loftleidir pour appeler les secours.

CAS PRATIQUE POUR ÉTUDIANTS EN DROIT

Dans *Les Nuits de Reykjavik*, Erlendur, en activité dans la police de la circulation, est accompagné par deux étudiants en droit, qui travaillent à ses côtés. Autrefois, en Islande, il était fréquent que des étudiants en droit fassent des stages dans la police et aillent sur le terrain avec des policiers.

Dans *Les Roses de la nuit*, on a le sentiment qu'Erlendur connaît depuis longtemps la cruelle réalité. Il ne peut plus se défiler : les photos qu'il a trouvées chez un suspect montrent que sa fille Eva Lind s'est prostituée avant même d'avoir atteint l'âge de la majorité. Il fait irruption chez elle et lui montre les photos.

– C'est la seule fois que j'ai accompagné Joel, reprit Eva Lind en balançant la photo à son père. Nous avions rendez-vous dans une chambre à l'hôtel Loftleidir. Le gars nous attendait au deuxième ou troisième étage. Personne ne nous a vus. Et Joel avait raison, ce type était plein aux as. Puis, brusquement, quelqu'un a fait irruption dans la chambre et a pris un tas de photos avec flash et tout ça. Nous ne le connaissions pas et nous ne l'avons jamais revu. Jamais.

Dans *Hiver arctique*, Sunee, tout juste débarquée de Thaïlande, fait ses premiers pas dans la ville en partant de cet hôtel.

Il l'avait portée dans ses bras pour lui faire franchir le seuil de leur foyer, un deux-pièces qu'il possédait sur le boulevard Snorrabraut. Ils étaient venus à pied depuis l'hôtel Loftleidir où la navette de l'aéroport les avait déposés. Ils avaient traversé un grand boulevard très passant dont elle apprendrait plus tard qu'il portait le nom de Miklabraut avant de descendre le boulevard Snorrabraut avec le vent glacial du nord qui lui cinglait le visage. Elle avait mis les vêtements d'été qu'elle portait en Thaïlande : un léger pantalon de soie qu'il lui avait offert, un joli chemisier et une veste d'été de couleur claire. Elle portait des sandales en plastique aux pied… Son nouvel époux ne l'avait aucunement préparée à l'arrivée en Islande.

Aujourd'hui, cet hôtel établi au 52 Nautholsvegur a pour nom Icelandair Hotel Reykjavik Natura. La compagnie aérienne gère plusieurs hôtels haut de gamme à Reykjavik et ailleurs dans le pays.

LOFTLEIDIR ET FLUGFÉLAG ISLANDS DEVIENNENT ICELANDAIR

La compagnie aérienne Flugfélag Akureyrar a été fondée en 1937 au nord du pays, à Akureyri. À la suite d'un accident survenu avec son unique hydravion, la société a déménagé à Reykjavik en 1940 et changé son nom en Flugfélag Islands. Ce n'est qu'en 1945 que le premier vol étranger a été assuré. Depuis, pour des raisons de marketing, on a utilisé les noms Air Iceland, puis Icelandair, à l'étranger.
De son côté, la compagnie aérienne Loftleidir est fondée en 1945. Elle est appelée Loftleidir Icelandic à l'international.

Loftleidir Icelandic et Flugfélag Islands ont créé une holding commune en 1973, baptisée Flugleidir. Les deux sociétés ont fusionné en 1979. Par la suite, la nouvelle société ainsi formée a utilisé pour seul nom commercial Flugfélag Islands. Ceci explique pourquoi le code AITA d'Icelandair est « FI ». Cette dénomination remonte à l'époque de l'ancienne société Flugfélag Islands. Tous les numéros de vols d'Icelandair commencent par ces deux lettres.

Le Lagon noir et *Le Duel* se déroulent tous deux avant la fusion d'Icelandair, c'est pourquoi les noms utilisés pour désigner les sociétés sont ceux de l'époque.

En attendant que le commandement militaire accorde à la police islandaise son feu vert pour interroger les soldats américains, Marion et Erlendur se rendirent sur le périmètre réservé à Flugfélag Islands, la compagnie aérienne nationale, où Kristvin avait travaillé comme technicien de maintenance en aéronautique. Le périmètre en question se trouvait dans la base où se déroulait toute l'activité liée aux vols internationaux.

Les journaux du matin relataient que Bobby Fischer avait fait attendre l'avion de la compagnie islandaise Loftleidir à New York pour finalement ne pas se présenter à l'embarquement.

34• LA PLACE HLEMMUR : au bureau d'Erlendur et de ses collègues

Cette place se situe dans un lieu important pour l'histoire de la ville moderne. Avant l'arrivée des voitures, les voyageurs venant de province y faisaient souvent une dernière halte avant d'arriver à Reykjavik. À l'époque, le lieu se trouvait encore en dehors de la ville. Il était équipé d'un abreuvoir pour les chevaux. La ville n'était encore qu'un petit village près du vieux port, à environ deux kilomètres à l'ouest.

À l'automne 1876, les premiers lampadaires éclairèrent les rues de Reykjavik. Le petit village au fjord comptait alors deux mille habitants et une dizaine de maisons de plus d'un étage. Avec l'arrivée du gaz, la ville s'agrandit. Quelques décennies plus tard, le lieu commença à vraiment ressembler à une ville, mais en 1888 une firme britannique qui proposait de fournir la lumière électrique pour éclairer les rues de Reykjavik fut tournée en ridicule par le conseil municipal : ce n'était pas la peine de venir chez eux avec des fadaises pareilles. Le gaz arriva finalement, et le besoin grandissant nécessita de disposer d'un véritable réservoir. On installa celui-ci sur la place Hlemmur.

Dans *La Femme en vert*, Arnaldur Indridason décrit la situation à ce moment-là :

> À cette époque, beaucoup de gens de Reykjavik considéraient que l'avenir se trouvait dans le gaz. Ça sentait le gaz un peu partout en ville et, comme si l'utiliser pour l'éclairage public ne suffisait pas, les gens s'éclairaient aussi à l'aide de lampes à gaz à la maison. La décision avait été prise de moderniser les choses et de construire à la lisière de la ville une usine destinée à couvrir tous les besoins de Reykjavik dans le futur. La mairie de Reykjavik décida de signer un contrat avec une entreprise allemande et l'ingénieur Carl Franke de Brême, accompagné de son équipe de spécialistes, commença la construction de l'usine à gaz de Reykjavik. Elle fut mise en service en 1910.
>
> Le réservoir lui-même était une gigantesque bonbonne d'une contenance de mille cinq cents mètres cubes et

on le surnomma « le pendule à gaz » parce que, flottant dans l'eau, il s'enfonçait ou s'élevait en fonction de la quantité de gaz présente à l'intérieur. Les habitants de Reykjavik n'avaient jamais vu une telle merveille et allaient se promener aux abords de la ville afin d'en suivre la construction.

Le réservoir joue un rôle dans *La Femme en vert* car, d'après les rumeurs, un des personnages principaux y aurait été conçu.

Il était presque achevé quand quelques personnes s'y réunirent la nuit du 17 au 18 mai. Ils considéraient ce réservoir comme le seul lieu d'Islande où l'on pouvait espérer se protéger contre les vapeurs empoisonnées de la comète. Quand la nouvelle se répandit qu'on donnait une grande fête nocturne dans le réservoir, les gens affluèrent pour prendre part à ces réjouissances de fin du monde.

Les événements qui se produisirent dans le réservoir au cours de cette nuit furent relatés en ville les jours suivants. On raconta que les gens avaient bu comme des trous et qu'ils avaient forniqué jusqu'au matin, voire jusqu'à ce qu'il soit évident que le monde n'avait pas sombré, pas plus dans la collision avec la comète de Halley que dans les flammes infernales de sa queue.

Nombreux furent ceux qui prétendirent que des enfants avaient été conçus dans le réservoir au cours de cette nuit et Erlendur se disait que, peut-être, bien des années plus tard, l'un d'entre eux avait rencontré son destin sur la colline de Grafarholt où il avait été enterré.

La Terre ne cessa pas de tourner et, à l'automne 1918, le réservoir était prêt à être utilisé ; il resta en service jusqu'en 1956. Ensuite, il fut démoli et le site abandonné.

En réalité, la création d'un réservoir était, dès le début, une idée étrange : l'Islande ne possède pas du tout de gaz naturel. Il était extrait du charbon, et devait donc être importé. L'électricité a donc finalement remporté la partie. Et elle a été, jusqu'à aujourd'hui, générée de manière très écologique : à partir de chaleur géothermique. Si l'on souhaite cuisiner au gaz, on doit donc se rendre à la station-service, acheter une bonbonne de gaz, la rapporter chez soi et la raccorder dans sa cuisine.

Ce qui est resté après la fermeture de l'emplacement du réservoir, c'est une pompe à essence qui a été en service pendant encore des années.

La gare routière centrale dans la partie sud de la place Hlemmur connaît une période plus faste. La zone a longtemps traîné une image plutôt négative. La ville a décidé que plusieurs hôtels seraient construits et que le bâtiment de la gare routière serait transformé en un lieu pouvant accueillir différents espaces Horeca. De cette manière, davantage de personnes des quartiers ouest de Laugavegur seront attirées dans cette partie de la ville.

À l'endroit précis où se tenait le réservoir, sur le côté nord de la place Hlemmur, le commissariat de police principal a finalement été construit en 1970 (au début de sa carrière, Erlendur travaillait encore dans l'ancien bureau, au 61 Audbrekka dans la municipalité voisine de Kopavogur, au sud de Reykjavik).

Erlendur raconte l'histoire du réservoir et de la comète de Halley assis sur le lit d'hôpital d'Eva Lind. Sa fille se trouve alors dans le coma.

– Le marécage d'Elsa est demeuré désert pendant de longues années après que l'usine a été démantelée et le réservoir déplacé. Plus tard, on a construit à cet emplacement un grand bâtiment qui abrite aujourd'hui le commissariat de police de Reykjavik. C'est là que j'ai mon bureau. Précisément à l'endroit où se trouvait autrefois ce réservoir.

Dans *La Rivière noire*, Erlendur n'a qu'à sortir et tourner à gauche pour se retrouver dans la rue Raudararstigur, où il se met à la recherche de Tryggvi, qui voulait sentir ce que c'était de mourir. Des années plus tôt, Baldvin et d'autres étudiants en médecine ont eux-mêmes fait cette « expérience interdite ». Entre-temps, Tryggvi est tombé au plus bas :

> La dernière résidence connue de Tryggvi était un squat crasseux et puant installé dans un taudis non loin de la rue Raudararstigur où il venait dormir avec trois autres clochards, d'anciens détenus et des ivrognes.

35• LA RUE GRETTISGATA : un mélange d'ancien et de neuf

Cette rue a été aménagée à la fin du XIXe siècle au sud de la rue Laugavegur dont elle est la parallèle. Très différente de cette dernière, la rue Grettisgata se compose presque uniquement de logements, certains encore en bois et garnis de plaques de tôle ondulée. C'est aussi une rue beaucoup plus calme.

Dans *Hiver arctique*, Andrés, une veille connaissance de la police qui vient d'ailleurs de l'interroger, suit un inconnu dans cette rue.

Debout dans le froid à côté d'une maison en bois recouverte de tôle ondulée de la rue Grettisgata, Andrés fixait des yeux la fenêtre d'un appartement en sous-sol. Il ne distinguait pas ce qu'il y avait à l'intérieur et n'osait pas s'approcher. Environ six mois plus tôt, il avait suivi l'homme dont il avait parlé à la police jusqu'à cette maison dans le sous-sol de laquelle il l'avait vu entrer.

36• LA RUE LAUGAVEGUR : voir et être vu

En partant de la place Hlemmur et en se dirigeant vers l'ouest, on atteint la rue Laugavegur et, dans son prolongement, les rues Bankastraeti et Austurstraeti qui forment ensemble le principal quartier commerçant de la capitale. Pendant l'été, elles sont partiellement fermées à la circulation automobile. Le reste de l'année, les voitures les parcourent très lentement. Il existe dans cette rue une forme de lèche-vitrine particulière, mais généralement bien acceptée. Comme il n'est pas très agréable de braver le froid glacial, les vents violents et les chutes de neige, les habitants de Reykjavik préfèrent rester dans leur voiture et regarder les devantures en savourant le confort d'un siège chauffant. Et comme la tendance à la paresse est maintenant devenue la norme, ce comportement est adopté aussi le reste de l'année, quand les conditions météorologiques sont meilleures.

Le week-end, quand le soir tombe, un cortège sans fin de jeunes fêtards défile. Depuis des générations, cela fait partie du rituel du week-end d'arpenter la rue de long en large, surtout quand on est encore trop jeune pour entrer dans les vrais bars branchés. Une fois au bout de la rue, on fait demi-tour en passant par une des rues parallèles et on regagne la rue. Musique à fond, fenêtres ouvertes, et cris destinés aux piétons. Tout cela, ils le font en ayant avalé la quantité d'alcool nécessaire, à l'exception du chauffeur, si tout va bien. Dans ces moments-là, arpenter la rue Laugavegur devient légèrement plus rapide.

Le nom de *laugavegur* signifie littéralement « mauvais chemin ». Autrefois, des femmes lourdement chargées la parcouraient en se rendant à la source géothermique du Laugardalur, à environ deux kilomètres et demi de là, où elles pouvaient faire la lessive de la semaine. Elles se chargeaient de cette tâche surtout le samedi, c'est pourquoi on appelle le samedi *laugardagur* en islandais ; les noms de lieux comportant le mot « laugar » indiquent normalement une activité géothermique.

Bien que la rue Laugavegur soit la rue principale de la ville, elle apparaît peu dans les romans d'Arnaldur Indridason. Parmi les rares exemples, on découvre dans *Les Nuits de Reykjavik* le jeune policier Erlendur, encore en uniforme, qui se met en route à la suite d'un signalement.

> Ils étaient intervenus pour une tentative de cambriolage dans une boutique de la rue Laugavegur, mais n'avaient pas réussi à appréhender les voleurs. Quelqu'un les avait vus tenter de forcer la porte de service d'un horloger, mais sans doute pas très doués ils avaient renoncé et disparu au moment où la police était arrivée sur les lieux. Sigurgeir s'était engagé dans la rue Hafnarstraeti. Le central avait annoncé à la radio qu'on venait d'arrêter les voleurs de Laugavegur alors qu'ils tentaient de commettre un autre cambriolage.

En réalité, il y a depuis des années deux horlogers dans la rue Laugavegur : Michelsen au numéro 15 et le très connu Gilbert/JS Watch, au numéro 62, avec ses élégantes montres suisses.

À un autre moment, Erlendur s'élance à la poursuite du voleur de bijoux depuis la Skolavördustigur vers la Laugavegur, avant de poursuivre vers le nord en direction de la Hverfisgata, pour finalement parvenir à l'arrêter sur la Lindargata. Les deux étudiants en droit qui avaient accompagné Erlendur après le signalement sont déjà chez le bijoutier quand le voleur apparaît soudain devant eux avant de prendre ses jambes à son cou. Cependant, il n'a pas prévu qu'Erlendur attend dehors.

> Il avait détalé en voyant Erlendur qui avait tenté de lui barrer la route et l'avait poursuivi jusqu'à Laugavegur, puis Hverfisgata, la rue parallèle, légèrement en contrebas.

Dans *Les Nuits de Reykjavik*, le clochard Bergmundur se plaint d'un nouveau règlement empêchant d'acheter plus d'une seule bouteille d'alcool à désinfecter à la fois.

> – C'est mon dernier, commenta-t-il. Les pharmacies refusent de nous en vendre. J'ai réussi à en acheter un à celle de la rue Laugavegur. Un seul par pharmacie. C'est la nouvelle règle en vigueur. Maintenant, il faut faire toute la ville pour acheter ce truc-là.

Comme Bergmundur désire obtenir quelque chose en échange des informations qu'il va donner à Erlendur, celui-ci se rend à la pharmacie pour lui ; les boissons alcoolisées ne sont désormais plus assez fortes pour Bergmundur.

– Vous ne préférez pas que j'aille vous acheter une bouteille de Brennivin ? suggéra-t-il, réticent à l'idée d'aller dans une pharmacie pour faire plaisir à son interlocuteur.

– Non, répondit Bergmundur après réflexion, je préfère la gnôle.

Quelques instants plus tard, Erlendur l'avait accompagné jusqu'à la rue Laugavegur et s'apprêtait à entrer dans une pharmacie. Chemin faisant, il avait réfléchi à une manière d'acheter cinq flacons de ce que les clochards appelaient de la gnôle sans éveiller les soupçons. Il entra précipitamment et demanda cinq flacons d'alcool à 70° tandis que Bergmundur l'attendait à l'extérieur. L'employée hésita un instant avant d'aller préparer sa commande et le regarda d'un air triste sans compter son argent ; Erlendur était persuadé que la préparatrice imaginait qu'il venait de replonger.

37• LA RUE HVERFISGATA : le parent pauvre

Cette rue parallèle aux rues Laugavegur et Bankastraeti est un peu la petite sœur moche et sans attrait. Ceci étant dit, il faut reconnaître qu'avec l'ouverture de nouveaux magasins dans la rue, due à l'augmentation du nombre d'hôtels au cours de la deuxième moitié de cette décennie, celle-ci commence à se transformer.

Dans *La Rivière noire*, quand les membres de la Scientifique examinent le domicile de la victime, Runolfur, à Thingholt, ils découvrent une écharpe en cachemire. C'est l'unique objet dans toute l'habitation qui n'appartienne pas à la victime. L'écharpe dégage une odeur très forte mais personne n'est en mesure de l'identifier. Excepté Elinborg, qui a fait de la cuisine son hobby :

– C'est ma préférée, observa-t-elle.
– Ta préférée ? s'étonna le gars de la Scientifique.
– Tu veux dire, ton épice préférée ? suggéra Sigurdur Oli.
– En effet, acquiesça Elinborg. Enfin, il s'agit plutôt d'un mélange. Un mélange indien. On dirait bien que… cela me fait penser à du tandoori. Il me semble que c'est l'odeur du tandoori.

Un peu plus loin dans le récit, Elinborg, munie de cet indice, passe à l'action.

Seuls quelques restaurants étaient spécialistes de la cuisine indienne dans la région de Reykjavik. Elinborg, qui les connaissait bien, s'y était rendue, dans l'espoir de découvrir l'identité de la propriétaire du châle qu'elle avait emporté avec elle pour le montrer au personnel. L'odeur d'épices avait pratiquement disparu et personne n'avait reconnu l'étole. Elle avait sans grande difficulté pu écarter les employés de ces restaurants de la liste des suspects : ils étaient peu nombreux, faisaient pour la plupart partie des familles propriétaires des lieux et pouvaient aisément justifier de leur emploi du temps au moment où Runolfur avait été assassiné.

Elinborg doit donc être aussi passée devant le 56 rue Hverfisgata. C'est là qu'on trouve l'Austur-Indiafjelagid, un des plus vieux restaurants indiens d'Islande.

Juste à côté du restaurant, au numéro 54, se trouve le cinéma Bio Paradis. Avant qu'Arnaldur Indridason ne se mette à écrire des romans policiers, il était critique de cinéma pour le plus grand journal du pays. Ce n'est donc pas un hasard si, dans ses livres, il fait souvent référence à des films. Le plus souvent de manière accessoire, mais dans *La Voix*, de vieux films jouent aussi un rôle important dans l'histoire. De plus, le début et la fin de *La Femme en vert* ressemblent beaucoup à des scènes de film.

AI J'apprécie moi-même beaucoup la nourriture indienne. Erlendur séjourne dans les fjords de l'Est, c'est pour que cela que l'enquête est confiée à Elinborg. Comme elle aime cuisiner, et a même écrit un livre de cuisine, c'est normal qu'elle soit capable d'identifier une épice particulière à son odeur. ¶

38• LA RUE LINDARGATA : comment l'argent peut transformer une rue

Cette rue, qui se trouve dans un des plus vieux quartiers de la ville, proche de la mer, a considérablement changé avec le temps. Autrefois, on y trouvait de grandes bâtisses industrielles et de misérables maisons ouvrières, mais rien ne subsiste de tout cela aujourd'hui. Les quelques anciennes habitations basses en bois ayant résisté doivent faire face aux bâtiments modernes qui leur volent non seulement la lumière mais aussi le soleil. Les usines ont été remplacées par des ministères et, pour ceux qui peuvent se les permettre, par des immeubles d'appartements, souvent des tours pour que les habitants puissent profiter de la vue sur la mer.

Quand la crise financière a éclaté en 2008, certains des bâtiments les plus hauts n'étaient pas encore achevés. Il a fallu attendre quelques années avant que les complexes d'appartements ne soient complétés.

Rien sur la Lindargata ne rappelle la maison dans laquelle un jeune garçon de ferme et une domestique ont emménagé, pleins d'espoir, dans *La Femme en vert*. C'était le premier logement du jeune couple tragique dans la grande ville.

> – Maintenant, nous allons recommencer à zéro, avait-il promis. Oublions le passé, avait-il dit.
>
> Ils louèrent un petit appartement en sous-sol dans la rue Lindargata, il s'agissait tout juste d'une pièce et d'une cuisine. Les cabinets se trouvaient dans le jardin. Elle arrêta de travailler chez le commerçant. Il lui avait dit qu'elle n'aurait plus à travailler pour subvenir à ses besoins. Qu'il allait s'occuper d'elle. Il avait trouvé un emploi sur le port, pour commencer, en attendant une place sur un bateau. Il rêvait de partir en mer.

La course-poursuite racontée dans *Les Nuits de Reykjavik* et évoquée précédemment, celle au cours de laquelle le jeune Erlendur pourchassait un voleur de bijoux, se termine néanmoins de manière positive dans la Lindargata. Le voleur s'est enfui en courant et a tourné à droite dans la Lindargata. Il est beaucoup plus rapide qu'Erlendur, qui ne parvient pas à conserver le même rythme.

> Toujours alerte, le voleur courait maintenant à toutes jambes le long de la rue Lindargata, distançant peu à peu Erlendur qui craignait de le perdre de vue. Mais le jeune

policier ne renonçait pas et courait aussi vite qu'il le pouvait même s'il était à bout de souffle et s'il avait mal aux pieds. Les grosses chaussures de la police étaient parfaites pour les cérémonies, mais elles se prêtaient nettement moins à la course à pied.

Son cœur sauta de joie quand il vit le voleur déraper sur un tas de sable posé sur le trottoir et rebondir sur l'asphalte. Il parvint à réduire l'écart qui les séparait, mais l'autre ne tarda pas à se relever et à courir vers la Société des abattoirs du Sudurland, boitillant après sa chute.

SLATURFÉLAG SUDURLANDS

Slaturfélag Sudurlands, en abrégé « SS », signifie « Abattoirs du pays du sud ». Dans un pays hors du continent européen, qui n'a jamais été occupé par l'Allemagne nazie, cette abréviation n'a pas une connotation indésirable très prononcée. Si en Islande vous mangez un hot-dog, le risque est grand qu'il provienne de cette entreprise. On les reçoit enroulés dans une serviette en papier portant ce sigle, accompagnée d'un joyeux petit slogan publicitaire. En 2017, quand l'entreprise a utilisé le slogan « I ♥ SS », beaucoup ont tout de même trouvé que cela allait trop loin et l'entreprise a rapidement stoppé cette campagne.

AI Comme tous les adolescents, je travaillais pendant les vacances scolaires. Avant, tous les jeunes en âge scolaire devaient aider les fermiers à la campagne pendant les vacances d'été, qui chez nous durent trois mois. Par la suite, on trouvait aussi des petits boulots en ville. J'ai travaillé autrefois pour les Slaturfélag Sudurlands, dans ces grands fumoirs. Depuis, je suis plus réticent à l'idée de manger des hot-dogs... ¶

Dans *Étranges rivages*, on évoque une nouvelle fois les abattoirs. Erlendur discute avec Gréta Pétursdottir, qui lui parle de son père et de Jakob, le mari de Matthildur. Jakob Ragnarsson souffrait de claustrophobie ; un jour, ses collègues lui firent une blague.

– Mon père et lui étaient très jeunes, ils travaillaient au même endroit, aux Abattoirs de Reykjavik. Ils n'y sont restés que très peu de temps, quelques mois. C'est là qu'ils se sont rencontrés. C'était au début de la grande crise des années 30 et on acceptait n'importe quel travail. Jakob s'occupait du fumage.

– Il fumait la viande ?

– Oui. Et il s'est retrouvé enfermé dans un fumoir.

– Ah bon ?

Gréta hocha la tête.

– Mon père racontait qu'un de ses collègues lui avait joué un mauvais tour pour s'amuser, un collègue qui ignorait qu'il était claustrophobe.

– Peut-être que personne n'était au courant.

– Sans doute que non. En tout cas, il est devenu pire que fou, à ce que disait papa. Quand ils ont finalement ouvert le fumoir, il s'en est pris au premier venu et a menacé de le tuer. Ils ont dû s'y mettre à plusieurs pour le calmer. Ses mains étaient en sang. Il avait gratté à la porte en acier jusqu'à s'arracher la peau.

Les Abattoirs de Slaturfélag ne disposent plus aujourd'hui de boucherie ou de fumoir dans le centre-ville, et l'ancienne fabrique du 20 Skulagata n'existe plus. Si l'on se trouve à l'extrémité est de la Lindargata, on voit le carrefour en T derrière lequel se trouvait jadis la société. Sur le terrain se dressent aujourd'hui de hauts immeubles à appartements qui offrent une très belle vue sur le fjord et l'Esja, la montagne emblématique au nord de Reykjavik.

Presque toute l'activité économique a cédé la place à des immeubles d'appartements très chers, peut-être les plus chers de toute l'Islande. La vue sur l'Esja et la petite île Videy est magnifique.

Dans *La Rivière noire*, Edvard, le professeur originaire d'Akranes qui habite désormais près de la rue Vesturgata, se plaint de la situation.

> – Je ne saurais me prononcer sur ce qu'en pensent les autres. Je trouve qu'on ne devrait pas comme ça passer notre temps à évacuer l'Histoire et les métiers qui ont fait cette ville à coups de pelleteuse. Voyez ce qu'on a fait de la rue Skulagata. Qui se souvient encore de Völundur, de Kveldulfur ou des Abattoirs de Slaturfélag ? Et voilà maintenant qu'ils vont aussi effacer les chantiers navals.

Contre toute attente, ce chantier naval existe encore et est l'une des rares industries restantes du quartier. Les bateaux de pêche se font de plus en plus rares. Aujourd'hui, près de l'eau, on trouve surtout des restaurants et des boutiques, et les bateaux proposent des tours pour apercevoir les baleines. Plusieurs promenades à vélo partent de là.

Les anciens hangars blancs typiques aux toits en demi-lune, dans lesquels les pêcheurs entreposaient leurs filets et leur matériel, abritent aujourd'hui des galeries d'art, des boutiques de designers, un glacier et des restaurants. Seuls les hangars qui se trouvent plus loin dans le fjord appartiennent encore à des pêcheurs.

Beaucoup de navires internationaux mouillent encore dans la zone. Les habitants de Reykjavik sont nombreux à aller jeter un coup d'œil aux nouveaux venus le soir ou le week-end. Le plus souvent derrière les vitres de leur voiture. En sortir et braver le vent froid sur les quais ? C'est un peu trop demander.

39• THJODLEIKHUSID : le théâtre national

L'historien Indridason ne choisit pas son décor sans raison. Avant même que la construction du Thjodleikhusid, le Théâtre national situé Hvervisgata 19, ne soit achevée, l'édifice faisait déjà partie de l'histoire islandaise. En 1929, après des années de consultations et de planifications, la construction du théâtre a finalement débuté sous la direction de l'architecte Gudjon Samuelsson. Caractéristiques de son style : les formes particulières des colonnes de basalte, que l'on retrouve également dans d'autres bâtiments conçus par lui, comme l'université Haskoli Islands, l'église catholique Landakotskirkja et l'église luthérienne Hallgrimskirkja.

L'argent nécessaire à la construction du théâtre a été récolté grâce aux taxes sur les divertissements. Mais avec l'occupation de l'Islande par les troupes britanniques durant la Seconde Guerre mondiale, le prestigieux projet a été suspendu. L'armée britannique a utilisé comme réserve militaire le bâtiment qui n'était pas encore achevé mais avait déjà des dimensions imposantes.

C'est seulement à partir de 1950 que le Thjodleikhusid a pu retrouver sa vocation initiale.

FISCHER VS SPASSKY : LA PARTIE D'ÉCHECS DU SIÈCLE

Ce bâtiment historique n'est pas seulement le théâtre de la fiction imaginée par Arnaldur Indridason dans *Le Duel*. En 1972, c'est là que s'est déroulée la « partie d'échecs du siècle » : à l'apogée de la guerre froide, l'Américain Bobby Fischer a joué contre le Russe Boris Spassky, alors champion du monde, dans le Laugardalshöllin.
Construit en 1959, le Laugardalshöllin, ou plus exactement Ithrottahöllin i Laugardal, Centre sportif à Laugardal, était depuis longtemps le plus grand centre sportif et événementiel d'Islande. Aujourd'hui encore, des foires, des concerts, et des événements sportifs nationaux et internationaux s'y tiennent. Le centre est adossé au stade national de football où de nombreuses équipes nationales ont fait l'expérience de la magie et de la puissance du football islandais.
Quelques jours avant que ne commence le tournoi, une cérémonie rassemblant les deux joueurs s'est tenue au Théâtre national. Fischer, l'excentrique, ne s'est jamais montré – il n'était même pas encore arrivé en Islande – et a ainsi failli causer l'annulation du championnat.
Et ce ne fut pas son unique « coup d'éclat ». Ainsi, il ne voulait pas jouer en public. Spassky a finalement convenu avec lui qu'ils joueraient dans une petite arrière-salle, hors de la vue des spectateurs, et que les caméras (qui, à la demande de Fischer, devaient faire le moins de bruit possible) transmettraient l'événement en direct dans la grande salle où se tenaient tous les spectateurs.
Le Duel revient sur toutes ces exigences imposées par l'excentrique Bobby Fischer. La « partie d'échecs du siècle » a eu lieu du 11 juillet au 1er septembre 1972, en pleine guerre froide, et était considérée comme une lutte entre les deux grandes puissances politiques : le lieu du tournoi était le centre géographique de l'espace séparant les deux grandes puissances. Par l'intermédiaire d'Albert, l'enquêteur

fan d'échecs (il ne figurera plus dans les livres suivants), on apprend beaucoup de choses sur ce championnat mondial. Dans la période agitée, extrêmement compliquée sur le plan diplomatique, qu'est celle de la partie d'échecs, Albert demande à être transféré à la fin de l'affaire d'espionnage sur laquelle il travaille. Il sent notamment que Marion Briem ne lui fait plus pleinement confiance. Erlendur apparaît dans *Le Duel* au tout dernier paragraphe, alors qu'il fait encore partie de la police de la circulation, à l'occasion d'une première prise de contact avec Marion Briem.

———

Deux autres bâtiments intéressants appartenant au voisinage immédiat du Thjodleikhusid sont également mentionnés dans *Le Duel*, dans le dialogue entre Marion Briem et son collègue Albert :

– On dirait bien que ton copain Bobby ne viendra pas, observa Marion en prenant place dans la voiture banalisée qu'Albert avait demandée à l'administration et qu'ils utilisaient pour se rendre au cinéma Gamla Bio.

– Non, et s'il n'arrive pas aujourd'hui ou demain, c'en est fini, confirma son collègue avant de démarrer.

– Quelle honte pour le monde des échecs !

– C'est sûr !

– Et ça ne t'empêche pas de l'estimer ?

– C'est le plus grand génie du monde en la matière, trancha Albert. Passionné d'échecs, il avait pris part à quelques tournois organisés par la Fédération de Reykjavik dans sa jeunesse.

– On raconte que Kissinger en personne fait pression sur Bobby.

– Ça ne me surprendrait pas. L'honneur des États-Unis est en jeu. En réalité, il s'agit maintenant de savoir s'il osera ou non affronter Spassky.

40• GAMLA BIO : le vieux cinéma

En 1927, on a dépensé sans compter pour construire le nouveau cinéma du centre de Reykjavik. Le bâtiment, aujourd'hui appelé Gamla Bio (« Vieux cinéma »), fut imaginé par Peter Petersen, qui s'y aménagea un appartement.

Le 2 août 1927, le tout premier film projeté au numéro 2 de la rue Ingolfsstraeti était un film muet : *Ben Hur*, qui connut un succès considérable. 602 spectateurs assistèrent à la projection dans la grande salle. Le bâtiment servit de cinéma jusqu'en 1980. Ensuite, l'Opéra islandais le racheta et le transforma pour y donner des spectacles. Depuis, il ne reste plus que 479 places assises. Le 9 janvier 1982, le premier opéra donné au Gamla Bio était *Le Baron tzigane* de Johann Strauss. À l'ouverture de l'Harpa, l'Opéra islandais a déménagé dans ce nouveau temple de la culture. Des concerts et des représentations théâtrales se donnent encore très régulièrement au Gamla Bio.

Dans *Le Duel*, Marion et Albert, en route vers le Gamla Bio, garent leur voiture entre le Théâtre national et la Safnahusid.

41• SAFNAHUSID : la maison de la culture

La Safnahusid (la « Maison de la culture ») est un immeuble imposant, sis au 15 Hverfisgata. Depuis 2013, elle fait partie du Musée national d'Islande, le Thjodminjasafn. Le bâtiment, érigé entre 1906 et 1908, servait au départ de bibliothèque nationale et d'archives nationales. Le Musée national d'histoire naturelle occupait également les lieux. Dessiné par l'architecte danois Johannes Magdahl Nielsen, l'édifice fut immédiatement considéré comme l'un des plus beaux d'Islande. Il accueille aujourd'hui une grande collection permanente, mais aussi régulièrement de petites expositions temporaires. Aux étages, dans la jolie salle de lecture, on organise fréquemment des conférences et des petits concerts.

La collection permanente propose, entre autres, des manuscrits médiévaux prêtés par l'institut Arni Magnusson, une organisation qui recueille des manuscrits, les restaure et les conserve. Le *Codex Regius*, le *Livre du Roi*, y a aussi été exposé. Il est maintenant de retour à l'Institut Arni Magnusson.

CODEX REGIUS

Le *Codex Regius*, le *Livre du roi*, est l'un des livres les plus importants pour les Islandais. Ce manuscrit daté de 1271 contient l'*Edda poétique*, aussi appelée ancienne Edda. Ce livre n'a été découvert qu'en 1643 et a été vendu en 1662 au roi du Danemark, sur l'insistance de la puissance coloniale (d'où son nom, *Livre du roi*).

Même si le format du livre est très petit et son aspect un peu quelconque, il possède une valeur inestimable aux yeux des Islandais. Après l'avoir gardé pendant des siècles à Copenhague, le Danemark fut finalement d'accord pour rendre le *Codex Regius* ainsi que d'autres manuscrits médiévaux d'importance à leur pays d'origine. En 1971, quand les manuscrits arrivèrent par bateau en Islande, le port de Reykjavik était noir de monde ; les gens applaudissaient en masse le retour des livres. L'*Edda*, les sagas et d'autres manuscrits médiévaux remontent à la plus ancienne colonisation de l'Islande. Ils représentent donc les fondements de l'identité

islandaise. Ces manuscrits constituent les origines tangibles de tous les Islandais.
Dans *Le Livre du roi*, un thriller littéraire qui ne fait pas partie de la série des Erlendur, Arnaldur Indridason décrit une quête fictive du manuscrit. Une multitude de faits historiques émaillent toutefois le récit, comme le retour du manuscrit en Islande.

42• STJORNARRADSHUSID : la maison du gouvernement

La « maison du gouvernement », qui abrite les bureaux du Premier ministre, est située au numéro 10 de la rue Laekjargata. Destinée à l'origine à être une prison, elle a été construite en 1756 pour accueillir de petits criminels dont on considérait qu'ils ne valaient pas la peine d'être transférés au Danemark. Très vite, on a toutefois compris que ce lieu était trop bien construit et beaucoup trop beau pour servir de prison. Ainsi, il est devenu le siège du gouverneur du Danemark et, en 1904, le Premier ministre islandais y a installé ses bureaux. Le bâtiment a reçu son nom actuel en 1918 et est devenu le bureau du ministre-président après l'indépendance de l'Islande. C'est aussi sur ce bâtiment que le drapeau national islandais a été hissé pour la première fois.

Dans *Les Fils de la poussière*, Erlendur et Sigurdur Oli interrogent un certain Erik Faxen dans son bureau. Il est habillé avec beaucoup d'élégance mais son attitude en a un peu moins, comme les enquêteurs vont le constater.

Depuis son bureau qui donnait sur la rue, on apercevait le bâtiment du gouvernement. Des canapés et des fauteuils en cuir luxueux voisinaient avec des œuvres plus ou moins connues de peintres islandais du début du siècle.

43• INGOLFUR ARNARSON : le premier Viking islandais

Sur la colline Arnarholl, en face de la Stjornarradshusid, se dresse une grande statue d'Ingolfur Arnarson, réalisée par le sculpteur Einar Jonsson. Le chef viking Ingolfur est considéré comme le premier Scandinave à avoir résidé de manière permanente en Islande (voir le chapitre « Un condensé de l'histoire de Reykjavik et de l'Islande »), c'est la raison pour laquelle il est représenté avec les deux piliers de son trône. En effet, il était d'usage que les chefs vikings lancent les montants de leur trône dans l'eau et que l'on accoste à l'endroit où ceux-ci étaient rejetés sur le rivage.

Arnarholl est aussi le lieu où on organise de grands concerts en plein air pendant l'ouverture annuelle de la saison culturelle, et où l'équipe nationale de handball a été accueillie et récompensée en 2008, après avoir remporté la médaille d'argent aux Jeux olympiques de Pékin. Bien entendu, l'équipe nationale de football a reçu le même accueil après son retour de l'Euro en 2016, où elle est allée jusqu'en quarts de finale face à la France.

Ces festivités font encore partie d'un futur lointain lorsque le jeune policier Erlendur retrouve le clochard Bergmundur, à qui il espère soutirer des informations.

Erlendur le salua d'une poignée de main et lui demanda s'ils pouvaient discuter un moment tranquillement.

Bergmundur accepta, se leva et marcha avec lui vers la statue d'Ingolfur Arnarson, le premier colonisateur de l'Islande. Ils s'installèrent sur un des bancs qui faisaient face au centre-ville. Bermundur prit son flacon d'alcool à 70° et en avala une gorgée.

44• SEDLABANKI ISLANDS : où l'on compte l'argent

Erlendur a retrouvé Bergmundur sous la statue d'Ingolfur, sur la colline Arnarholl, après avoir interrogé quelques hommes traînant du côté de l'entrepôt frigorifique suédois. À l'emplacement de ce bâtiment, 1 rue Kalkofnsvegur, on trouve aujourd'hui la banque centrale d'Islande, la Sedlabanki Islands. L'immeuble, sombre et peu accueillant, est aussi appelé le Svörtuloft, la « Lumière noire » (voir plus loin le paragraphe intitulé « Svörtuloft »).

Si les deux personnages allaient voir plus loin sur la droite, ils apercevraient le fjord avec en arrière-fond l'Esja, la montagne de Reykjavik. Cette montagne est haute de 914 mètres. À l'époque, la vue était encore complètement dégagée car le grand centre de congrès Harpa n'a ouvert qu'en 2011, étant donné que les travaux de construction, débutés en 2006, ont dû être interrompus en 2008 en raison de la crise financière. Depuis le centre, le bâtiment à moitié immergé dans l'eau apparaît juste devant la montagne Esja.

Au carrefour à l'ouest d'Arnarholl se trouvait la station de taxis. Elle a subi le même sort que la Gröndalshus (⑨) : elle a été démantelée et reconstruite. Aujourd'hui, la belle bâtisse en bois se trouve au 2a Vesturgata (entre les rues Tryggvagata et Vesturgata, à côté du restaurant Naust ⑧) et accueille un café-librairie.

Arnaldur Indridason invite son lecteur à remonter le temps.

La station de taxis était située en plein centre-ville, dans un bâtiment qui avait connu des jours meilleurs. Il avait abrité une boîte de nuit, dans un passé où les jeunes hommes mettaient de la brillantine, portaient la banane, où leurs petites amies étaient coiffées à la Bardot et où un rock tout frais arrivé d'Amérique avait déchaîné les foules sur les pistes de danse avant de sombrer dans le silence. La moitié du bâtiment avait été transformée en station de taxis et le calme régnait désormais dans les parages.

45• LA RUE AUSTURSTRAETI : des cafés et des boutiques

Dans *La Rivière noire*, Loa est une des femmes à qui Runolfur rend visite dans le cadre de son travail. Elle lui raconte que Thorvaldsen est l'un de ses endroits préférés pour sortir. Par la suite, ils se rencontrent là « par hasard ». En discutant avec Elinborg, Loa se rend compte de la chance qu'elle a eue.

– Il vous a offert un verre ?
– Oui.
– Et vous l'avez accepté ?
– Non. Enfin, si, mais je ne voulais pas d'alcool.
– D'accord. Et que… ?

Elinborg ne voulait pas se montrer trop pressante, mais cela lui était difficile.

– Je ne bois plus, précisa Loa. Je n'ai pas le droit. Pas même une goutte.

– Je comprends.

– Mon mari m'a quittée, voyez-vous, et c'était le bordel, j'ai bien cru qu'ils allaient m'enlever Kiddi. J'ai réussi à arrêter. Je vais aux réunions et tout ça. Cela m'a sauvé la vie.

[...]

– On y a dit que certaines drogues ont été découvertes au domicile de Runolfur. Des drogues dont se servent certains violeurs.

Les yeux de Loa étaient rivés sur elle.

– Et qu'il utilisait ? demanda-t-elle.

– Probablement.

– Ils la versent dans l'alcool, n'est-ce pas ?

– Oui, l'alcool décuple les effets. Ainsi, elle agit également sur la mémoire, les gens perdent parfois jusqu'à tout souvenir des événements.

Loa commença à relier ces éléments que constituaient ce technicien passé chez elle et qu'elle avait ensuite rencontré par hasard dans un bar du centre-ville, les informations où il était question d'une drogue que certains violeurs mélangeaient aux verres des femmes, la dépendance contre laquelle elle luttait depuis des années, les boissons sans alcool qu'elle prenait à chaque fois qu'elle sortait, la manière subite dont l'intérêt de Runolfur s'était tari et la mort violente qu'il avait connue.

Jusqu'à la première moitié de la décennie actuelle, Thorvaldsen se trouvait au 8 Austurstraeti. Dans la journée, il faisait office de bistrot mais, le soir, on écartait les tables et on dansait. Généralement, le public n'était pas très jeune ; la musique diffusée attirait surtout les plus de trente-cinq ans. Aujourd'hui, un bar a pris la place du dancefloor.

Dans *La Rivière noire*, Nina préfère le Krain au Kaffi Viktor. Runolfur retourne chez elle, pensant avoir oublié quelque chose, et l'invite à demi-mot.

– Excusez-moi du dérangement, avait-il dit. Je passe mon temps à perdre des choses.

– Je contacterai votre compagnie si je la retrouve, avait-elle proposé.

– D'accord, merci bien. Vous voyez, c'est que je suis un peu fatigué de mon week-end. J'ai dû rester trop longtemps au Kaffi Victor samedi soir.

– Je connais ça, avait-elle observé avec un sourire.

– Ah, vous y allez aussi ?

– Non, nous fréquentons plutôt Krain, la Taverne.

– Vous ?

– Mes copines et moi.

– Prévenez-moi si vous retrouvez cette fichue mèche, avait-il dit en guise d'au revoir. Et peut-être à la prochaine.

Les deux cafés n'existent plus. La maison du Kaffi Viktor, sur le côté ouest de la place Ingolfstorg, 1-3 rue Hafnarstraeti, est aujourd'hui une boutique de souvenirs.

Ceci est caractéristique aussi bien de l'auteur Arnaldur Indridason, qui fait revivre l'histoire dans ses romans, que de la ville de Reykjavik, qui s'est considérablement agrandie, surtout depuis la Seconde Guerre mondiale, et cela reflète clairement l'effet des évolutions économiques, en bien comme en mal, sur l'environnement urbain. En raison de l'énorme croissance du secteur touristique coïncidant avec le début de la crise économique en 2008, la ville a entamé un processus de changement accéléré et continu.

46• HRESSINGARSKALINN : la gloire disparue

Installé au centre-ville, le café Hressingarskalinn, qui fait aussi office de dancing et de restaurant, existe aujourd'hui encore ; à Reykjavik, on l'appelle tout simplement le Hresso. Le bâtiment situé au 20 rue Austurstraeti est relié de l'intérieur au bar sportif Bjarni Fel (qui tient son nom d'un célèbre commentateur sportif). Il a une longue histoire.

La construction remonte à 1805, ce qui fait d'elle l'une des plus anciennes de la capitale. Au fil du temps, de nombreuses transformations et améliorations ont été apportées. L'établissement avait été bâti à l'origine en Suède, d'où son nom de Svenska husid, la « maison suédoise ». Avant, il arrivait fréquemment que l'on assemble d'abord complètement une maison en bois à l'étranger, qu'on la démonte ensuite, qu'on l'expédie et qu'enfin, on la remonte sur son emplacement final. En particulier quand il s'agissait d'un très grand bâtiment, selon les standards islandais.

Entre 1827 et 1907, la bâtisse a servi de logement pour plusieurs gouverneurs et a abrité une boulangerie. Pendant les périodes où un gouverneur y vivait, la maison était appelée la *Landfogetahusid*, la « maison du gouverneur ».

Après 1907, elle a été utilisée à des fins diverses ; des bureaux s'y sont installés et un petit bois a même été planté dans l'arrière-cour. À partir de 1932, on y servait des gâteaux et des glaces ; deux ans plus tard, Hresso a subi une nouvelle rénovation et c'est devenu un véritable café. C'était l'un des premiers cafés-restaurants de toute l'Islande. À partir de la Seconde Guerre mondiale et jusqu'aux années 60, c'était le lieu où se retrouvaient les artistes, et où l'on venait pour voir et être vu.

Quelques rénovations plus tard, sur la façade avant cette fois, la partie boulangerie et le jardin changèrent de main, et Hresso devint un fast-food américain (1995-2003). En 1996, l'association YMCA racheta le bâtiment pour y ouvrir, à côté du magasin qui existait déjà, un café où le tabac et l'alcool étaient interdits. En 2003, nouveau rachat, nouvelle transformation. Depuis, l'endroit propose à la fois un café, un restaurant et un bar. C'est toujours un lieu de rencontre, avec son allure un peu désuète, son odeur de bière éventée, sa carte affichant des repas bourrés de glucides comme on en trouve dans les fast-foods, et son public un peu plus jeune qu'à l'époque glorieuse, quand nombre d'auteurs, d'artistes et de politiciens s'y retrouvaient.

> Il jeta un œil rapide autour de lui. Le Hressingarskalinn, que tout le monde appelait simplement Hresso, était un des rares cafés du centre. Des peintres, des acteurs, des poètes et des journalistes s'y retrouvaient pour discuter et médire, lire le journal, discuter de tous les sujets sans épargner personne. À une époque, le lieu avait été le quartier général de Steinn Steinarr, qu'Erlendur considérait comme le poète des poètes. Il y avait également aperçu Tomas Gudmundsson, un autre grand poète, en train de discuter tranquillement avec un ami. Hresso proposait des repas de bonne qualité le midi. Il arrivait qu'Erlendur vienne y déjeuner, lire les journaux et observer les gens.

Le Hresso est aussi le lieu où Halldora annonce à Erlendur qu'elle est enceinte. Pendant leur conversation, elle lui demande d'abord s'il peut envisager qu'ils vivent ensemble. Erlendur hésite.

Halldora comprend son besoin de réflexion ; c'est déjà un premier pas. Mais ensuite vient la grande révélation.

– Et il y a autre chose, reprit Halldora.

Erlendur lisait l'inquiétude sur son visage. Ses paroles n'avaient manifestement pas suffi à la rassurer. Les clients de la table voisine se levèrent et disparurent sous la bruine. Un courant d'air froid s'engouffra dans le bar quand ils ouvrirent la porte.

– Mais je voulais d'abord te soumettre cette idée et te parler de notre relation.

– Eh bien, c'est fait.

– Oui.

– Mais cette autre chose, qu'est-ce que c'est ?

– Je crois que je suis enceinte, annonça-t-elle.

À lire la réaction d'Erlendur, il est clair qu'il n'avait aucune intention de fonder une famille, ni d'avoir une relation sérieuse avec Halldora ou qui que ce soit. Une nouvelle réalité existe et Halldora ne craint pas sans raison la réaction du futur père.

Quand Halldora lui avait annoncé qu'elle était enceinte, Erlendur n'avait pas su comment réagir. Il n'était pas du tout préparé à cette nouvelle qui l'avait totalement désarçonné.

– De moi ?! s'était-il exclamé.

– De toi ? Évidemment, avait répondu Halldora.

– Tu es… ?

– Je n'ai pas… il n'y a pas d'autre homme dans ma vie, si c'est ce que tu crois.

– Tu en es sûre ?

– Sûre ? Comment ça ? Évidemment que j'en suis sûre ! Tu es le seul père possible.

– Non, je voulais dire : tu es sûre d'être enceinte ? Tu viens de dire que tu croyais être enceinte.

– Je… je ne voyais pas comment te l'annoncer autrement, mais c'est certain, avait répondu Halldora. Mon médecin me l'a confirmé.

– Et… quand… ?

– Au printemps dernier. Tu rentrais du bal de la police, ça te revient ? Je vois que tu ne sautes pas de joie.

– C'est juste que je suis surpris. Que… ?

– Tu n'imagines même pas ce que je ressens.

En fait, ils partagent déjà la même intuition : leur relation ne peut pas marcher. Ils vont cependant faire un bout de chemin à deux : ils décident de vivre ensemble et d'avoir un deuxième enfant. Jusqu'à ce que ça devienne trop difficile pour Erlendur et qu'il s'en aille.

Marion Briem fréquente aussi le Hresso. Quand Katrin du Danemark lui rend visite, c'est l'occasion de faire une longue promenade à travers la ville pour rejoindre le café. C'est tout simplement l'endroit où il faut être.

Les jours suivants, Marion l'avait accompagnée en ville pour lui montrer les lieux les plus intéressants : le café Hressingarskalinn était la version la plus pauvre au monde du Select de Montparnasse, c'était le rendez-vous des poètes et des artistes, avait dit Marion.

Hors du centre-ville

47• ÖSKJUHLID-PERLAN : le joyau surplombant la ville

Un lieu juste en dehors du centre-ville qui n'apparaît pas dans la série des Erlendur, mais qui mérite d'être mentionné. Sur la colline Öskjuhlid, à l'est de l'aéroport, se trouvent les réservoirs de stockage d'eau chaude de Reykjavik. Dans l'espace entre les réservoirs, on a installé un musée sur la nature islandaise ; un café au 4e étage et une galerie extérieure offrant un magnifique panorama sur toute la ville et ses environs viennent compléter le lieu.

Le café-restaurant du 5e étage est coiffé d'une grande coupole en verre. De là-haut également, il est possible de profiter d'une vue splendide, depuis l'intérieur cette fois.

48• KRINGLUMYRI : un palais de la culture et un centre commercial posés sur une tourbière

Au XIXe siècle et durant la première moitié du XXe siècle, outre les champs de lave, on trouvait, une fois sorti de Reykjavik, des tourbières, comme à Nordurmyri. C'est un petit peu au sud-est de cette zone que se trouve Kringlumyri. Avec l'élargissement de la ville, ce marais s'est peu à peu asséché au cours des deux décennies qui ont suivi la Seconde Guerre mondiale. On y trouve maintenant un quartier qui porte le nom de Haaleiti. Très fréquenté, le boulevard Miklabraut divise le quartier en deux parties, une au nord et une au sud.

Au début des *Nuits de Reykjavik*, l'historien Arnaldur Indridason esquisse un portrait très coloré du développement du quartier avant 1974, l'année où se déroule l'intrigue du livre. Trois enfants découvrent le corps de Hannibal, un clochard noyé dans les tourbières de Kringlumyri.

Les garçons tapotèrent l'anorak vert qui tournoya à la surface de l'eau, puis décrivit un arc de cercle avant de couler. S'aidant de leurs bâtons, ils le firent remonter et furent saisis d'effroi.

Ils vivaient dans le quartier de Hvassaleiti et habitaient les immeubles bordant le boulevard Miklabraut jusqu'au terrain vague de Kringlumyri. La partie nord de ce périmètre était une friche envahie d'angélique et de rumex à longues feuilles. La partie sud était quant à elle une tourbière encore toute lacérée d'entailles d'où les gens de Reykjavik avaient extrait des tonnes de tourbe pour se chauffer pendant la Grande Guerre. Le conflit mondial ayant entraîné une pénurie de combustibles en Islande, on avait drainé le marais, tracé des chemins de terre et entrepris la plus importante extraction de tourbe de l'histoire. Cette activité avait occupé des centaines d'ouvriers qui extrayaient le combustible et le faisaient sécher avant de le livrer par tombereaux en ville.

À la fin de la guerre, avec la reprise des importations de charbon et de pétrole, on avait cessé de se chauffer à la tourbe. Les fosses, désormais emplies d'eau brunâtre, étaient restées en l'état pendant longtemps. Quand la ville s'était étendue vers l'est dans les années 60 et 70, avec la construction des quartiers de Hvassaleiti et de Storagerdi, ces anciennes tourbières étaient devenues le terrain de jeu des enfants. Ces derniers confectionnaient des radeaux, naviguaient sur les mares les plus vastes et faisaient du vélo sur les nombreuses pistes cyclables aménagées sur les collines alentour. Quand le froid de l'hiver arrivait, ces mares se prêtaient parfaitement à la pratique du patin à glace.

La zone décrite ici n'est qu'une petite partie du quartier. Un peu à l'ouest se trouvent les bâtiments qui ont fait la réputation du quartier, comme le théâtre de la ville de Reykjavik (Borgarleikhusid), où la toute première représentation s'est tenue en 1989. Ce qui attire surtout les visiteurs, c'est le premier centre commercial couvert, et aussi le plus grand d'Islande, baptisé Kringlan ; il se situe au croisement des boulevards Miklabraut et Kringlumyrarbraut. Le nom du centre commercial vient de l'ancien nom de cette zone.

Le carrefour est l'un des plus fréquentés de la ville et il est équipé d'un nombre croissant de radars automatiques, en raison du taux élevé de conducteurs islandais qui considèrent le feu rouge davantage comme une invitation bien intentionnée que comme une interdiction stricte. C'est peut-être pour cela qu'aux heures de pointe, les agents à moto viennent régulièrement jeter un œil.

La photo était très floue. Quand il s'est avéré que la Saab volée figurait dessus, elle a été envoyée par courrier express à la direction de la police routière. Le cliché provenait du radar placé au carrefour des boulevards Miklabraut et Kringlumyrarbraut.

Très animé, le boulevard Kringlumyrarbraut constitue, à l'ouest de la ville, la liaison avec les municipalités du sud de Reykjavik ; elle mène aussi vers Reykjanesbaer, où se trouve l'aéroport international de Keflavik.

Dans *Le Duel*, on apprend que cette zone a servi à d'autres usages avant la guerre. La famille de l'armateur pour laquelle travaillait la mère de Marion Briem y avait un potager.

> La famille possédait un potager à Kringlumyri, alors situé à l'orée de la ville. Athanasius y cultivait des carottes, des pommes de terre et des rutabagas. Au moment de la récolte, tous les domestiques se rendaient à Kringlumyri à bord d'un grand camion, non loin des tourbières qui fournissaient en combustible les habitants de Reykjavik, et ils rapportaient un tombereau de légumes.

Depuis son ouverture en 1987, Kringlan, avec ses 180 magasins protégés par un toit couvert, constitue un véritable pôle d'attraction pour les amateurs de shopping. Qui pourrait leur donner tort ? La météo en Islande n'invite en effet pas souvent à descendre en ville pour une séance de lèche-vitrine en plein air.

En 2001, la bibliothèque municipale a ouvert une implantation locale entre le théâtre et le centre commercial. On peut emprunter une passerelle afin de passer du centre commercial à la bibliothèque et au théâtre, sans mettre le pied dehors.

Aujourd'hui, le plus grand centre commercial du pays n'est plus à Reykjavik, mais à Kopavogur, au sud de la capitale, où en 2001 le centre commercial de Smaralind a ouvert ses portes. D'autres projets, visant à construire un centre commercial deux fois plus grand aux abords du centre-ville de Reykjavik, n'ont jamais abouti.

49• GRAFARHOLT : un lieu de villégiature devenu quartier citadin

En 1996, la ville de Reykjavik commença à planifier l'aménagement d'un nouveau quartier. La localisation envisagée se trouvait plus à l'est que tous les autres quartiers, à la limite de la municipalité voisine de Mosfellsbaer. Il y avait des maisons de vacances à cet endroit, la butte de Grafarholt se trouvant à environ 13 km du centre-ville ; avant que la voiture ne devienne le moyen de transport le plus courant, c'était une distance suffisante pour se sentir vraiment hors de la ville sans devoir voyager trop loin. Depuis Grafarholt on peut admirer un paysage très septentrional vers le golfe de Grafarvogur, et de vastes plaines vers le sud. Le lac Reynisvatn est pratiquement à côté.

Les réservoirs de stockage d'eau chaude, eux aussi, se trouvaient déjà là. Au nombre de six, ils sont disposés en ovale au sommet de la butte.

> On avait construit à flanc de colline sur les pentes de la butte de Grafarholt en haut de laquelle trônaient les réservoirs d'eau chaude de la Compagnie des eaux de Reykjavik, d'immenses bâtiments bruns qui dominaient le nouveau quartier comme une forteresse. De part et d'autre des réservoirs, on avait percé des rues le long desquelles les maisons sortaient de terre les unes après les autres ; certaines d'entre elles étaient même déjà entourées d'un jardin, de bandes de gazon et d'arbres qui allaient pousser et offrir un abri à leurs propriétaires.

Cette butte offrait aux troupes d'occupation britanniques, et plus tard américaines, un poste d'observation idéal. C'est aussi pour cette raison qu'ils construisirent là leurs fameux baraquements aux toits en demi-lune.

> – [...] Ils étaient aussi présents là-haut, à Grafarholt. Sur le versant sud. Ils y avaient construit des baraquements et un fortin. C'était vraiment très exagéré, tout ça. Nous avions l'interdiction d'aller là-bas, moi et mon frère. Je me souviens qu'il y avait des clôtures tout autour. Des barbelés. [...]

Dans un pays qui n'a jamais eu sa propre armée, de telles structures offraient un spectacle étrange et assez effrayant. Même les barbelés étaient plutôt inhabituels pour l'époque. Les enfants surtout s'en étonnaient, comme le raconte Harpa, entre-temps devenu âgée, quand Elinborg l'interroge à ce sujet.

Dans *La Femme en vert*, on peut lire qu'un parcours de golf a remplacé les anciens baraquements.

50• BREIDHOLT : où les premières habitations d'Islande sont revenues à la vie

Dans pratiquement chaque livre de la série Erlendur, ce quartier est au minimum mentionné. Deux exceptions seulement : *Hypothermie* et *Étranges rivages*, qui ne se déroule pas du tout à Reykjavik.

Le district de Breidholt a été fondé sur une colline où avait auparavant existé un village du même nom. À présent, cette zone qui compte plus de 20 000 habitants forme le plus grand quartier de Reykjavik. Ce quartier se compose de trois parties. La première, qui à son tour peut être divisée en sous-secteurs, Bakkar, Stekkir et Mjodd, a été construite entre 1966 et 1973.

> [Inggun, une amie de jeunesse d'Oddny,] vivait dans une maison mitoyenne récente du quartier de Breidholt où les constructions poussaient comme des champignons depuis quelques années. Les rues, les bâtiments, les jardins, tout était neuf. Bien souvent, le désordre régnait sur les parcelles et on accédait aux maisons par des planches placées devant la porte principale, parfois surmontées d'un paillasson afin de leur conserver un semblant de propreté. Les seules choses qui étaient vieilles, c'étaient les voitures. Pour payer les travaux, un certain nombre des habitants avaient dû échanger leurs véhicules contre de vieux tacots qui peinaient à démarrer le matin.

La deuxième, composée de Fell, Berg et Holar, a été aménagée en 1980 au point le plus élevé de la colline. La troisième, Seljahverfi, date de 1985.

Dans les années 60 et 70, la zone inférieure se composait encore de pavillons, mais dans les années 80 on a intégré pour la première fois une tour dans les constructions. C'est peut-être le premier quartier vraiment métropolitain de Reykjavik.

À propos d'Erlendur, on sait qu'il va vivre à Breidholt, mais on ignore dans quelle rue et dans quelle maison. On lit cependant qu'il a trouvé un logement dans « la belle partie de Breidholt », comme en parlent les habitants de Reykjavik, et qu'il a des voisins à l'étage supérieur.

> Erlendur habitait dans un petit appartement dans la plus vieille partie du quartier Breidholt. Il s'était retiré là des années auparavant, après sa séparation. Ses deux enfants venaient parfois quand ils avaient besoin d'un endroit où

dormir. Ils avaient tous deux la vingtaine passée. Sa fille était droguée, son fils un gros buveur. Erlendur avait fait de son mieux pour les aider, mais après des tentatives répétées, il avait dû constater que c'était sans espoir. Il s'en tenait à présent à une philosophie très simple : ce qui doit arriver arrivera.

Une fois qu'ils commencèrent à le voir plus souvent, ils découvrirent rapidement que toutes les histoires que leur mère racontait n'étaient pas vraies ; elle le démolissait en permanence. Depuis la séparation, elle le considérait comme son pire ennemi, et donc aussi celui de ses enfants. Elle le faisait passer pour un monstre.

Breidholt n'est pas un quartier recensé dans les guides de voyage. C'est un quartier périphérique typique, gris et banal comme on peut en trouver dans toutes les villes. Des considérations pratiques et des logements silos accessibles financièrement constituaient les priorités pour cette zone, loin de toute revendication esthétique.

Au-delà de la capitale

Depuis *Les Fils de la poussière* jusqu'à *La Muraille de lave*, les romans d'Indridason suivent un schéma que nous connaissons par les aventures d'Astérix : un livre « au pays », un livre « à l'étranger ». Une seule exception : *La Femme en vert* qui, alors qu'on ne s'y attendait pas, se déroule à Reykjavik, dans un endroit qui fait depuis peu partie de la ville. Quand l'assassinat a lieu, le terrain n'appartient pas encore au territoire de la ville. C'est seulement avec *Étranges rivages*, la fin de la série, que l'auteur rompt complètement avec ce schéma. Après *La Muraille de lave*, qui avait Snaefelssnes pour cadre principal, ce nouveau roman se déroule aussi en dehors de Reykjavik, dans les fjords de l'Est. Erlendur quitte aussi ce nouveau port d'attache – même si Reykjavik n'en est jamais vraiment devenu un – pour retrouver celui de son enfance.

AI Le titre original islandais d'*Étranges rivages*, « *Furdustrandir* », est peut-être légèrement différent des autres. Il signifie plus ou moins « la plage merveilleuse ».
Ce terme vient de la Saga d'Erik le Rouge. Vers l'an 1000, ce dernier naviguait avec ses hommes en direction de l'ouest. Ils

découvrirent un pays jusqu'alors inconnu (des siècles avant Christophe Colomb) et débarquèrent le long des côtes de ce qu'on appelle aujourd'hui le Canada. Ils donnèrent un nom aux lieux où ils avaient débarqué. Entre Markland (juste au-dessus de Newfoundland) et Vinland (dont le Québec fait aujourd'hui partie), ils arrivèrent sur une plage de sable incroyablement étendue pour eux. En Islande et au Groenland, les Vikings n'avaient jamais rien vu de tel. C'est pourquoi ils appelèrent la plage Furdustrandir, la « plage merveilleuse ».
Mon livre évoque un autre voyage, celui que fait Erlendur en lui-même. Le voyage entre la vie et la mort sur une langue de sable qui s'étend du passé au présent, de ce monde au suivant. Il regarde en arrière, vers ce qui a le plus compté dans sa vie.
Il existe d'ailleurs encore une petite plage au nord de l'Islande qui porte ce nom. Ce titre renferme donc plusieurs allusions, et cela lui confère à mes yeux une dimension supplémentaire. ¶

51• VIFILSSTADIR : l'ancien sanatorium

L'ancien sanatorium pour tuberculeux Vifilsstadir, entré en fonction en 1910, appartient encore à la zone métropolitaine, mais se situe dans les faits à l'intérieur des frontières de la municipalité voisine de Gardabaer. Le nombre de patients atteints de troubles pulmonaires se réduisant à vue d'œil, l'établissement a été contraint de fermer ses portes en 1973. Par la suite, le bâtiment a servi de clinique pour les alcooliques et d'hôpital psychiatrique. Depuis 2001, Vifilsstadir est une maison de repos.

L'imposant bâtiment et ses annexes se trouvent aux confins de la périphérie, à l'est d'une grande route reliant

Reykjavik à ses voisines du sud. Plusieurs sentiers de randonnée sont aménagés à travers le champ de lave où se situe le sanatorium. On peut, entre autres, profiter de la nature autour du petit lac de Vifilsstadavatn. Un petit peu plus à l'est commence Heidmörk, une zone de loisirs très appréciée des résidents de la région. On peut y trouver différentes formations de lave et un groupe d'arbres qui, l'imagination aidant, peuvent évoquer un petit bois.

Pour Marion Briem, Vifilsstadir représentait la première station du long calvaire que nécessitait le traitement contre la tuberculose. L'étape suivante était le sanatorium Koldingfjord au Danemark.

> Chaque dimanche matin au sanatorium de Vifilsstadir, on écoutait la messe à la radio. Les psaumes résonnaient dans les couloirs et dans le service pédiatrique où Marion reposait sur son lit, installé près d'une porte et d'une fenêtre ouvertes. Lorsqu'il faisait beau, on aérait pour améliorer la pureté et la qualité de l'air dont rien ne devait entraver la circulation entre les différents services.
>
> [...]
>
> C'était sa deuxième journée d'hospitalisation. De nombreux visiteurs allaient et venaient aux abords de l'établissement. Les amis et les familles des patients étaient venus passer la journée. N'étant pas autorisés à entrer dans le sanatorium, ils devaient rester au pied des fenêtres de la façade sud pour parler avec les malades. Les parents et les enfants souffraient d'être ainsi séparés et, parfois, on entendait les sanglots de l'autre côté du lac.

Marion choisit Vifilsstadir pour disperser les cendres de Katrin, envoyées par la mère de celle-ci après son décès. Marion se trouve dans le bâtiment abandonné, la lettre à la main, et se souvient d'une conversation avec Erlendur des années auparavant :

– Mais qu'est-ce qui est tellement instructif ? Ces gens qui se sont perdus ? Ceux qui sont morts ? Qu'est-ce que tu vois d'intéressant là-dedans ?

Erlendur avait du mal à répondre.

– Pourquoi ces questions ?

– Parce que j'aimerais bien comprendre, avait insisté Marion. Je ne connais personne, à part toi, qui passe sa vie plongé dans ces trucs-là.

– Je n'y passe quand même pas toute ma vie.

– En tout cas, tu te passionnes pour ces histoires de disparitions.

– Je m'intéresse à ceux qui résistent, avait précisé Erlendur. À ces gens qui survivent à des conditions extrêmes. Comment y parviennent-ils ? Pourquoi certains survivent-ils alors que d'autres périssent quand ils sont confrontés aux mêmes dangers ? Pourquoi certains se perdent-ils et d'autres pas ? Quelles erreurs commettent-ils ? Comment peut-on éviter les erreurs en question ?

– Mais je sens autre chose derrière l'intérêt que tu portes à ces histoires.

– Je ne vois pas.

– J'ai l'impression que ces récits ont pour toi un sens bien particulier.

– Non, je…

– Je me trompe ?

Erlendur avait longuement regardé Marion, se demandant s'il devait lui dire le fond de sa pensée.

– Ce n'est peut-être pas forcément… peut-être pas uniquement la question de ceux qui meurent ou qui se perdent, mais plutôt…

– Oui ?

– … plutôt de ceux qui restent, ceux qui doivent lutter contre les questions laissées en suspens. C'est peut-être ça qui est le plus intéressant.

– Est-ce que ces histoires parlent aussi de ceux qui restent ?

– Bien trop rarement.

– Si je comprends bien, ce qui t'intéresse, ce sont ceux qui restent et se débattent avec le deuil ?

– Peut-être, avait reconnu Erlendur. Eux aussi, ils sont importants. *Lequel des deux suis-je, de celui qui survit ou de l'autre qui meurt ?* Je me pose parfois la question.

– Tu aimes Steinn Steinarr ?

– Je crois que les gens qui ont vécu un deuil traumatisant ont l'impression d'être eux-mêmes un peu morts, il m'est difficile d'être plus clair.

Marion relut la lettre en se rappelant cette conversation avec son équipier et la citation du poète. L'enveloppe contenait une feuille de papier pliée contenant un peu des cendres de Katrin. La mère s'était conformée aux souhaits de sa fille en lui envoyant cet ultime adieu. N'ayant pas trouvé de meilleur endroit, Marion déplia la feuille et regarda les cendres se disperser au vent avant de ranger cette lettre arrivée du Danemark, le regard fixé sur la poussière qui se perdait dans la nuit, méditant sur l'interrogation de Steinn Steinarr jusqu'au moment où ses yeux bleu clair débordèrent de larmes.

STEINN STEINARR

Steinn Steinarr (1908-1958), dont Erlendur citait les deux derniers vers (« Lequel des deux suis-je, de celui qui survit ou de l'autre qui meurt ? ») du poème *Au cimetière*, composé en 1942, est toujours considéré par certains comme le plus grand poète islandais, même s'il a été peu traduit. Steinarr a joué un rôle important pour la poésie islandaise en tant que pionnier au sein du mouvement des « poètes de l'atome ».

Les poètes de l'atome étaient les premiers à écrire leurs poèmes sans rimes ni règles fixes, ce qui suscita des débats passionnés.

52• SANDGERDI : une épreuve devant la tombe

Sandgerdi est un lieu pareil à tant d'autres en Islande, un typique village de pêcheurs. À quelques kilomètres de là se trouve un cimetière qui va jouer un rôle important.

Dans *La Cité des jarres*, Erlendur discute avec Elin, la sœur de Kolbrun.

> – Est-ce qu'Audur est enterrée ici, à Keflavik ?
> – Non, ma sœur et moi sommes originaires de Sandgerdi et non loin de ce village se trouve un petit cimetière. Kolbrun voulait qu'elle soit inhumée là-bas. Cela s'est passé en plein hiver. C'était à croire qu'ils n'allaient jamais réussir à creuser la tombe.

C'est l'endroit où se déroule l'épreuve dans *La Cité des jarres*. Erlendur arrive à temps pour parler avec Einar, mais ne peut pas l'empêcher de mettre fin à ses jours.

Ce lieu n'est pas choisi au hasard par Arnaldur Indridason, amateur de poésie. Près de ce cimetière se trouve en effet l'église en pierre – le bâtiment actuel date de 1887 – dont Hallgrimur Pétursson fut le prêtre de 1644 à 1651. Pétursson est considéré comme l'un des plus grands poètes islandais. Il a écrit des hymnes qui sont encore chantés aujourd'hui ; ses chants de la Passion sont exécutés chaque année. Les plus connus sont les *Passiuishalmar* (Psaumes de la Passion) : cinquante psaumes chantés durant le temps qui précède Pâques, un par jour. La plus grande église d'Islande, la Hallgrimskirkja à Reykjavik, tient son nom du poète.

AI Je lis beaucoup de poésie en ce moment. Elle m'inspire dans mon travail d'auteur de romans policiers, pour les ambiances, les sentiments, l'atmosphère, la concision (réussir à tout dire en très peu de mots), le maniement de la langue. Elle enseigne comment avoir un effet avec très peu de mots et une langue mesurée. De temps en temps, je m'autorise à insérer dans mes textes quelques bribes de poésie islandaise. Mon poète favori est Hannes Pétursson, qui est lui aussi traduit dans plusieurs langues. ¶

53• UNE NEUTRALITÉ IMPORTANTE

L'Islande, qui n'a jamais eu de troupes armées, était neutre pendant les Première et Seconde Guerres mondiales. Avec la signature de la loi de l'Union du 1er décembre 1918, l'île devint le « Royaume d'Islande », même si elle n'a jamais eu de roi. Le roi du Danemark, Christian X, était aussi, par la mise en place d'une union personnelle, roi d'Islande ; les Islandais l'appelaient Kristjan I. L'Islande était en quelque sorte un État souverain, mais restait lié au Danemark par l'intermédiaire du roi. Les relations étrangères et la défense étaient toujours gérées par le Danemark. L'Islande obtint tout de même son propre drapeau.

Le 9 avril 1940, le Danemark et la Norvège furent envahis par les troupes allemandes. La communication avec la mère-patrie n'était plus possible. L'Islande conserva néanmoins sa position de neutralité stricte.

La Grande-Bretagne occupe l'Islande

Le 10 mai 1940, le jour où la Wehrmacht envahissait les pays neutres, Pays-Bas, Belgique et Luxembourg, des navires de la marine britannique accostaient à Reykjavik (nom de code de l'opération : « Operation Fork »). L'occupation était actée. La veille, les Britanniques avaient informé les Islandais qu'ils étaient prêts à défendre l'île. Le gouvernement islandais avait immédiatement rejeté cette proposition : le pays voulait rester indépendant. Malgré cela, le 8 mai à 4 heures du matin, les Britanniques envoyèrent leurs navires et leurs troupes d'occupation en Islande, depuis Greenock en Écosse.

Le gouvernement islandais protesta contre « la violation flagrante » de sa neutralité et l'« atteinte à son indépendance ». Mais que faire contre des milliers de soldats quand les effectifs comptent à peine soixante-dix policiers en service ?

Les Britanniques surent calmer les récriminations de la population islandaise sur les quais de Reykjavik, et rassurer le gouvernement avec la promesse qu'ils dédommageraient l'Islande pour l'occupation, qu'ils concluraient des accords commerciaux et qu'ils ne s'ingéreraient pas dans les affaires internes islandaises. Promesse fut aussi faite que les troupes partiraient dès la fin de la guerre.

Le jour suivant, le Premier ministre Hermann Jonasson invita la population, par radio interposée, à traiter les Britanniques avec hospitalité et courtoisie. L'Islande maintint officiellement sa position de neutralité, mais soutenait de facto les troupes d'occupation.

Par inadvertance, ou en raison d'une erreur de communication, un avion de reconnaissance britannique survola la ville de Reykjavik en pleine nuit, juste avant l'invasion. Les autorités islandaises crurent qu'il s'agissait d'un avion de soutien disposant d'un convoi et volant entre les États-Unis et l'Europe. Le consul-général allemand en Islande réagit illico. Il commença immédiatement à brûler toutes sortes de papiers dans sa baignoire.

Non sans raison. L'une des premières choses que firent les Britanniques fut d'empêcher que les informations sur l'occupation de l'Islande parviennent trop vite à l'Allemagne. Le bureau de poste, la société de télécommunication et la station météorologique passèrent subitement sous contrôle britannique. Une délégation se rendit immédiatement chez Werner Gerlach, le consul-général allemand de l'époque. Quand les Britanniques arrivèrent, la porte avait déjà été ouverte par Gerlach. Il protesta contre l'invasion, l'Islande étant après tout un pays neutre. La réaction britannique fut des plus froides : le Danemark l'était aussi. Les Britanniques virent l'incendie au premier étage et l'éteignirent ; c'est grâce à cela que de nombreux documents purent être conservés. Tous les membres d'équipage d'un navire allemand, qui, à ce moment-là, était au mouillage à Reykjavik, et tous les autres Allemands qui se trouvaient en Islande, furent placés en détention.

Une position stratégique

L'objectif des Britanniques était clair : ils voulaient empêcher l'invasion allemande en Islande. Leur crainte de ce scénario n'était pas dépourvue de fondement. Dès avril 1940, des sous-marins allemands furent repérés à plusieurs reprises sur la côté sud du pays. L'île occupait une position stratégique, essentielle sur la route maritime entre les États-Unis, d'une part, et la Grande-Bretagne et l'Europe continentale, d'autre part. De là, on pouvait contrôler le transport maritime dans l'océan Atlantique Nord. La construction d'un aéroport permettait également la création d'une importante tête de pont entre les États-Unis et l'Europe.

Les troupes britanniques étaient très mal entraînées et disposaient de peu de matériel. C'est pour cette raison que le 17 mai 1940, environ quatre mille soldats canadiens arrivèrent à leur tour. Les troupes du Commonwealth comptèrent jusqu'à 25 000 soldats. La plupart d'entre eux étaient stationnés dans la capitale.

L'aéroport initialement aménagé en 1919 comme petit aérodrome civil, avec une piste d'herbe, fut repris, agrandi et asphalté par les troupes d'occupation britannique en 1940. Il fut nommé « RAF Reykjavik » et servit aussi bien les civils que les militaires ; il resta pendant toute la guerre sous contrôle britannique.

Pourquoi les forces armées américaines vinrent en Islande

En 1941, les troupes britanniques en Afrique furent surprises par la puissance des troupes ennemies, allemandes et italiennes ; en Grèce également, les

Britanniques déplorèrent de lourdes pertes. Des hommes étaient postés dans la très tranquille Islande alors qu'on avait bien plus besoin d'eux sur les fronts où la Seconde Guerre mondiale faisait rage. Des négociations eurent lieu entre le Danemark, l'Islande, la Grande-Bretagne et les États-Unis ; finalement, le gouvernement islandais demanda protection aux Américains et les soldats britanniques quittèrent l'île, exception faite d'un petit nombre.

Le premier fait de guerre américain, bien avant la déclaration officielle

En 1940 et 1941, des avions militaires allemands furent aperçus au-dessus de l'Islande et des sous-marins allemands patrouillèrent face aux côtes islandaises. Le 12 juillet 1940, un bombardier allemand coula un bateau de pêche islandais.

Le 10 avril 1941, l'USS Niblack tira au large des côtes islandaises sur un sous-marin allemand, qui préparait justement une attaque. Le sous-marin s'enfuit. C'était la première fois pendant la Seconde Guerre mondiale que les États-Unis ouvraient le feu sur une cible allemande. Huit mois allaient s'écouler avant que le pays ne déclare la guerre à l'Allemagne.

Le 7 juillet 1941, cinq mois avant que les États-Unis ne déclarent la guerre au Japon, et quelques jours après à l'Allemagne et à l'Italie, le président Franklin Delano Roosevelt envoya une lettre au Premier ministre islandais et informa le Congrès américain de l'occupation de l'Islande. Il écrivit entre autres ceci :

« La politique ouvertement soutenue par le gouvernement des États-Unis est de défendre le Nouveau Monde de toute tentative d'agression, aux côtés des autres pays de l'hémisphère occidental. Le gouvernement est d'avis qu'il faut maintenir l'intégrité et l'indépendance de l'Islande, étant donné qu'une occupation de l'Islande par une puissance dont on ne connaît que trop les projets clairs de conquérir le monde et de soumettre les peuples du Nouveau Monde constituerait une menace directe pour la sécurité de l'hémisphère ouest tout entier. C'est pour cette raison qu'en réaction à votre message, le gouvernement des États-Unis enverra immédiatement des troupes pour renforcer les troupes britanniques déjà présentes et les remplacer si nécessaire. »

Hangars Nissen

Dans la nuit du 15 au 16 septembre 1941, le premier convoi américain arriva à Reykjavik. Avec l'arrivée des Américains, il fallait construire plus de baraquements pour les soldats et leurs équipements. Au total, environ 300 camps furent créés, chacun d'entre eux recevant un nom. Les hangars Nissen servaient de salle de séjour, de dortoir, de cuisine, d'entrepôt, etc. Ces logements temporaires ont été inventés pendant la Première Guerre mondiale par un lieutenant-colonel canadien au service de l'armée britannique.

Le toit en demi-lune des hangars Nissen se composait de plaques de tôle ondulée, et la superficie des logements atteignait environ 40 m^2 : 11,5 mètres de long sur 5 mètres de large. Comme les hangars étaient très légers, aucune fondation n'était nécessaire. Quatre à six soldats pouvaient monter un hangar en quatre heures.

Au plus fort de l'occupation, 60 000 américains étaient stationnés en Islande. La plupart se trouvaient à Reykjavik, alors que la capitale islandaise comptait à l'époque moins de 40 000 habitants (en 1940, 38 308 âmes y vivaient). L'occupation a donc eu un impact considérable sur la ville et sur le pays tout entier.

L'Islande s'équipe d'infrastructures modernes : du Moyen Âge au XXe siècle en une fraction de seconde

Les Britanniques et surtout les Américains ont mis en œuvre certains des plus gros projets immobiliers que l'île ait jamais connus. Dans le petit village de pêcheurs de Keflavik, les Américains ont construit sur la lande de Midnesheidi un grand aéroport d'où leurs avions pouvaient aussi décoller et atterrir.

> Un vent violent soufflait sur la lande de Midnesheidi. Venu du nord et des hautes terres désertes, il franchissait les eaux agitées du golfe de Faxafloi, puis se précipitait, glacial et mordant, sur les ondulations du paysage, saupoudrant d'une fine couche de neige les plantes rases, transies et prostrées, qui dépassaient à peine des roches et des blocs de pierre. La végétation à la merci de la mer et du vent du nord livrait une lutte incessante. Seules les plantes les plus endurcies parvenaient à survivre ici. La clôture dépassant de l'étendue désolée délimitait le périmètre de la base militaire américaine et sifflait sous l'effet des bourrasques qui s'abattaient sur les murs gigantesques du hangar à avions, au sommet de la lande. Le vent redoublait d'intensité aux abords du bâtiment, comme exaspéré par cet obstacle, puis continuait sa route à travers la nuit.

Avant la Seconde Guerre mondiale, il n'y avait pas de route asphaltée en Islande et les ponts étaient plutôt étroits. Cette situation a rendu le déplacement des lourds équipements militaires très ardu, voire impossible. Ce sont les Américains qui ont construit le périphérique (Hringvegur), un raccordement qui aujourd'hui encore a conservé ce nom et qui est indiqué sur les cartes routières par le chiffre 1. La route n'a été complètement achevée que dans les années 70.

Il y avait un grand besoin de main-d'œuvre pour effectuer tous ces travaux. Le chômage, qui avait été un problème persistant dans les années 30, avait quasiment disparu. Les prix explosèrent ; l'inflation annuelle atteignit les 30 %. Le niveau de vie n'avait jamais été si élevé. Avec la venue des forces d'occupation, l'Islande se transforma en une fraction de seconde d'un pays pauvre, presque moyenâgeux, avec une population essentiellement composée de fermiers et de pêcheurs, en une société pleinement ancrée dans le XXe siècle.

Conflits armés et opérations militaires

Aucun conflit armé n'a jamais eu lieu en Islande. Il y a bien eu, en 1940 et 1941, quelques avions de guerre qui ont survolé l'île. Du côté de Reydarfjördur, pas loin de l'endroit où a grandi Erlendur, un bombardier allemand est passé plusieurs fois au-dessus d'un hôpital militaire accueillant 3 000 soldats alliés blessés, mais l'établissement n'a pas été bombardé. Peu après, l'appareil s'est écrasé contre une montagne en raison du brouillard. Son épave s'y trouve encore.

En revanche, il y a bien eu des opérations militaires contre l'Islande. Les alliés ont tiré sur cinq avions militaires allemands le long des côtes islandaises. Des sous-marins allemands ont coulé huit navires marchands islandais entre le Groenland et l'Irlande, cinq en 1941 et un chaque fois en 1942, 1944 et 1945. En 1941, des dégâts ont été faits à un navire islandais. Au total, 109 Islandais et 1 Britannique périrent à la suite de ces bombardements.

Retrait des troupes

Avec la fin de la Seconde Guerre mondiale, les troupes américaines s'en allèrent, ainsi que les tout derniers soldats britanniques restant, qui accomplissaient principalement des tâches administratives. Fin 1945, tous les soldats américains avaient quitté l'île ; le 6 juin 1946, la RAF rendit l'aéroport de Reykjavik à l'Islande.

En 1946, les États-Unis et l'Islande signèrent un contrat permettant aux Américains de continuer à utiliser l'aéroport de Keflavik pour des vols soutenant les forces d'occupation en Europe.

Fondation de l'OTAN : Keflavik devient un aéroport de l'OTAN

En 1949, l'Islande était parmi les pays fondateurs de l'OTAN, elle n'avait (et n'a toujours) pas d'armée et refusait la présence de troupes étrangères sur son propre sol. Avec la guerre en Corée et la tension croissante liée à la guerre froide, l'attitude du gouvernement islandais changea radicalement. Être seulement membre de l'OTAN ne semblait plus suffisant, il fut donc demandé aux États-Unis d'installer des forces défensives en Islande. C'est la raison pour laquelle il y eut, à partir 1951, un aéroport de l'OTAN à Keflavik. La Naval Air Station

Keflavik (NASKEF) était le quartier général de toutes les activités de défense des États-Unis en Islande.

Dans les environs immédiats, des maisons disposant de toutes les commodités furent construites pour les Américains et leurs familles. Un petit village sortit de terre, coupé du reste de l'île.

Après la chute du mur de Berlin et la fin de la guerre froide, il ne semblait plus nécessaire de conserver une base militaire sur l'île. La base militaire américaine fut finalement fermée le 8 septembre 2006. Aujourd'hui, des étudiants et des familles y vivent et des entreprises s'y sont implantées. Le transport aérien civil, qui depuis la fin de la Seconde Guerre mondiale décollait et atterrissait aussi depuis la partie civile de l'aéroport de Keflavik, connaît une forte croissance.

En raison des activités accrues des avions et sous-marins russes au large des côtes islandaises, les gouvernements américain et islandais étudient depuis 2016 la possibilité de réutiliser l'ancienne base de l'OTAN à plus petite échelle.

La base de l'OTAN constituait le plus gros employeur du pays. Les Islandais qui y travaillaient pouvaient ensuite faire leurs courses dans le supermarché américain dont les rayons proposaient des articles qu'on ne trouvait nulle part ailleurs.

Dans *La Cité des jarres*, Erlendur roule, sous une pluie battante, de Reykjavik à Keflavik. La pluie projetée dans toutes les directions par un camion qui le dépasse manque de l'envoyer dans le fossé.

Marion raconta à Erlendur que, pour les hommes de la 57e division de l'armée de l'air basée à Keflavik, l'Islande était un *hardship post*, un endroit invivable où la plupart des soldats ne restaient pas plus d'un an et dont ils étaient vraiment soulagés de partir. Il arrivait qu'ils y passent deux ans s'ils y venaient accompagnés de leurs enfants et de leur conjoint, mais il y avait un sacré roulement dans les troupes.

– Ils disent qu'ici, ils passent le plus clair de leur temps à tenter de se mettre l'abri du vent.

– Un endroit invivable ? reprit Erlendur en raclant avec son couteau la graisse de mouton figée au fond de son assiette qu'il avala aussitôt. On n'est pas tout bêtement à leurs yeux une gigantesque zone de baraquements militaires ? Un immense… Camp Knox.

Dans *Le Lagon noir*, Erlendur et Marion Briem doivent, dans le cadre de leur enquête, se rendre plusieurs fois à l'aéroport de Keflavik et dans les logements des Américains. Un Islandais de Reykjavik qui travaillait sur la base aérienne, et qui répondait au nom de Kristvin, a été assassiné. Sur la base, les Américains sont aux commandes. Erlendur et Marion ont une impression étrange : d'un coup, ils ont le sentiment d'être des étrangers dans leur propre pays et de ne pas pouvoir travailler comme ils ont l'habitude de le faire.

Dans la soirée, le commandement de la base accorda à la Criminelle l'autorisation d'interroger les soldats et leurs familles sur Kristvin et la voiture retrouvée au pied de l'immeuble. Il posait toutefois une condition : Marion et Erlendur devaient être accompagnés par un membre de la police militaire qui les assisterait dans leur tâche. Marion avait manifesté son désaccord, considérant que l'unique raison d'être de cet assistant était d'espionner leurs faits et gestes et de tenir sa hiérarchie au courant des avancées de la Criminelle. En outre, la présence d'un représentant de l'armée risquait de gêner leurs éventuels interlocuteurs. Les militaires refusaient de céder. Si la police islandaise voulait interroger des citoyens américains, elle devait le faire en accord avec les troupes de défense et en présence d'un de leurs représentants.

Le sergent Caroline Murphy, membre de la police militaire, semble de temps à autre prête à aider le duo, par exemple quand certains habitants des immeubles voisins ne veulent pas être interrogés par les enquêteurs.

Trois hommes posèrent problème en refusant de répondre aux questions de la police islandaise. Caroline intervint et les pria calmement de bien vouloir obtempérer. Voyant qu'ils restaient sur leurs positions, elle ajouta que c'était leur droit de refuser de répondre, mais que dans ce cas ils seraient emmenés au quartier général de la police militaire qui saurait leur tirer les vers du nez. S'ils préféraient ça, ils n'avaient qu'à le dire, ça ne posait aucun problème. Il ne fut toutefois pas nécessaire d'en arriver là. Les trois hommes finirent par céder et par fournir des réponses laconiques, de mauvaise grâce.

Erlendur et Marion pensent que Kristvin a été tué sur la base aérienne de Keflavik, même si son corps a été retrouvé plus loin, à Svartsengi.

54• SVARTSENGI/BLAA LONID : des égouts devenus attraction touristique

La presqu'île de Reykjanesbaer, la région la plus au sud-ouest de l'Islande sur laquelle se trouvent l'aéroport et la ville de Keflavik, possède de très nombreuses zones actives sur le plan géothermique. Au nord d'une ville appelée Grindavik, du côté de Svartsengi, il existe également une zone d'activité géothermique, au milieu d'un sombre champ de lave. C'est peut-être de là que vient le nom Svartsengi, « pelouse noire ».

Depuis 1978, la centrale électrique Svartsengi, nommée d'après le nom de la région, produit de l'électricité à partir de ressources géothermiques, et de l'eau chaude pour les environs. La centrale a été la première au monde à réaliser une telle combinaison. 21 000 foyers de la péninsule de Reykjanes dépendent aujourd'hui de cette centrale pour leur approvisionnement en eau et en électricité.

Il était habituel de laisser couler, dans le champ de lave près de la centrale, l'eau en trop, partiellement refroidie. Les habitants des environs ont trouvé la température de l'eau bien agréable et ont commencé à venir s'y baigner. De plus en plus de gens se rendaient au lac, en fait un sous-produit de la centrale, pour en profiter et se détendre. Avec le temps, on a construit des installations simples, permettant de se changer et de prendre une douche.

– On l'a découvert dans le bassin d'écoulement des eaux de la centrale géothermique de Svartsengi. Cela explique la boue grisâtre qui le recouvrait. On dit que cette boue a des vertus thérapeutiques, expliqua Marion.

– Des vertus thérapeutiques ? s'étonna le légiste.

– Elle soulagerait les personnes souffrant de psoriasis.

– Décidément, on en apprend tous les jours, commenta le médecin.

– Avez-vous décelé des traces indiquant qu'il souffre de cette maladie ?
– Non, Marion, cet homme n'est pas allé là-bas pour soigner son psoriasis.

La lave du Svartsengi est noire, la boue grisâtre et l'eau turquoise. Il existe réellement des substances qui, par nature, peuvent offrir un soulagement aux personnes atteintes de psoriasis.

Et même si Arnaldur Indridason n'indique pas une seule fois son nom, actuellement la piscine d'Islande accueillant de loin le plus grand nombre de visiteurs, c'est le Lagon bleu (Blaa lonid).

55• KLEIFARVATN : un lac sur la ligne de faille géologique

Le téléphone sonna. Erlendur l'attrapa.
– Erlendur ? demanda une voix éteinte à l'autre bout de la ligne. Erlendur reconnut immédiatement la voix.
– Marion ?
– Qu'est-ce que vous avez trouvé à Kleifarvatn précisément ? demanda Marion Briem.
– Des ossements, répondit Erlendur. Il n'y a pas de quoi t'inquiéter.
– Bon, bon, rétorqua Marion qui, bien qu'à la retraite, avait du mal à cesser de s'occuper d'Erlendur et des enquêtes passionnantes qu'il menait.
Il y eut un long silence au téléphone.
– Tu m'appelais pour quelque chose de spécial ? demanda Erlendur.
– Tu ferais peut-être bien de t'intéresser d'un peu plus près à Kleifarvatn, conseilla Marion, mais je ne veux pas te déranger. Loin de moi cette idée. Je ne voudrais pas

importuner un ancien collègue qui a fort à faire avec ses problèmes.

– Qu'est-ce que le lac de Kleifarvatn a de spécial ? demanda Erlendur. Qu'est-ce que tu veux dire ?

– Rien du tout, au revoir, répondit Marion en raccrochant au nez d'Erlendur.

Kleifarvatn, le nom d'un lac sur la péninsule de Reykjanes, est aussi le titre de l'édition islandaise de *L'Homme du lac*. Le point le plus profond de ce lac, dont la superficie est d'environ 8 km^2, se situe à au moins 97 m de profondeur. Il se trouve dans la zone volcanique, juste sur la ligne de séparation entre les deux plaques géologiques. Outre la brèche allant du sud-ouest vers le nord-est, on a aussi constaté sous le lac une brèche nord-sud. Plusieurs geysers géothermiques se trouvent dans le fond. Le niveau d'eau du Kleifarvatn peut parfois descendre subitement de plusieurs mètres ; le lac perd alors environ un cinquième de son contenu. Cela s'est produit pour la dernière fois en l'an 2000. Les scientifiques pensent qu'en cas de tremblement de terre, l'eau s'engouffre dans des failles situées au fond.

Dans *L'Homme du lac*, Arnaldur Indridason utilise justement ce phénomène comme base pour son récit. Après la baisse du niveau de l'eau à Kleifarvatn, un cadavre a refait surface, près d'un lieu appelé Geithöfdi, au sud-est du lac. Il se trouve sur la rive qui borde la rue, au numéro 42. Une hydrologue souffrant d'une forte gueule de bois trouve le corps le lendemain de la fête annuelle de la Compagnie de distribution d'énergie, et prévient la police.

– Votre nom, s'il vous plaît ? demanda d'un ton neutre la voix de la centrale d'urgences.

Elle parvint à mettre de l'ordre dans ses pensées et déclina son identité.

– Où l'avez-vous trouvé ?

– Dans le lac de Kleifarvatn, près de la rive nord.

– Il a été pris dans vos filets ?

– Non, il est enfoui au fond du lac.

– Vous étiez en train de faire de la plongée ?

– Non, le squelette dépasse du lac. On voit les côtes et le crâne.

– Donc, il est au fond du lac ?

– Oui.

– Dans ces conditions, comment se fait-il que vous le voyiez ?

– Il est devant moi, à l'endroit où je me trouve.

– Vous l'avez ramené sur la rive ?

– Non, je n'y ai pas touché, mentit-elle sans même réfléchir.

Il y eut un silence à l'autre bout de la ligne.

– Qu'est-ce que c'est, ces âneries ? gronda finalement la voix. C'est une blague ? Vous savez ce que ça peut vous coûter, une plaisanterie de ce genre ?

– Ce n'est pas une plaisanterie. Je suis dans le lac et je l'ai sous les yeux.

– Vous allez peut-être me dire que vous marchez sur l'eau ?!

– L'eau a disparu, expliqua-t-elle. Il n'y a plus d'eau, il ne reste que le fond asséché et c'est là que se trouve le squelette.

– Comment ça, l'eau a disparu ?

– Pas entièrement, mais elle s'est retirée de l'endroit où je me trouve. Je suis hydrologue à la Compagnie de distribution d'énergie. J'étais en train d'effectuer des relevés du niveau du lac quand je suis tombée sur ce squelette. Il a un trou dans la boîte crânienne et il est presque entièrement enseveli dans le fond sablonneux. J'ai d'abord cru qu'il s'agissait d'un mouton.

Il s'avère qu'un appareil d'espionnage russe a été attaché au squelette. Marion Briem se souvient d'un événement survenu dans les années 70 :

– Le 10 septembre 1973, le téléphone sonna au commissariat de police de Hafnarfjördur. Deux hommes-grenouilles de Reykjavik, c'était comme cela qu'on appelait les plongeurs à l'époque, nota Marion avec un sourire espiègle malgré sa douleur, deux hommes-grenouilles ont découvert toute une ribambelle d'appareils dans une zone peu fréquentée du lac. Ils se trouvaient à une profondeur de dix mètres. Il est apparu rapidement que la plupart étaient de fabrication russe et qu'on avait tenté d'en effacer les inscriptions en caractères cyrilliques. Les employés des Postes et Télécommunications, sollicités pour les examiner, ont conclu qu'il s'agissait de divers appareils de transmission et d'écoute. Il y avait tout un tas de machins, précisa Marion Briem. Des magnétophones, quelques radios et aussi des émetteurs.

Bien que les informations sur le lac Kleifarvatn soient correctes d'un point de vue factuel, le squelette et les objets retrouvés dans le lac sont pure fiction.

56• THINGVELLIR : le plus vieux siège d'un Parlement au monde

> « Nulle part ailleurs, ce n'est aussi beau qu'au Thingvallavatn. »
>
> Erlendur Sveinsson

Dans ses livres, Arnaldur Indridason ne s'étend jamais longuement sur les meurtres. Il s'étend davantage sur les causes qui y ont mené, les circonstances personnelles et sociétales. Il est donc assez exceptionnel pour cette série que, dans *Hypothermie*, pas moins de deux crimes soient perpétrés dans un même lieu, qui plus est sur un site historique, Thingvellir. Un des crimes, survenu des années plus tôt, et présenté au départ comme un accident, ne constituait absolument pas une affaire à suivre jusqu'à ce qu'Erlendur ne s'en charge. Et les véritables circonstances du décès sont aussi dissimulées par l'assassin : cela doit ressembler à un suicide. C'est grâce à la persévérance d'Erlendur que justice est faite et que les coupables sont démasqués. Les deux meurtres sont reliés : une jeune fille voit son père tomber d'un bateau et se noyer ; elle se sent responsable de ce malheur, souffre ensuite de troubles psychologiques et se donne la mort – c'est du moins la version à laquelle il faudrait croire.

Dans *Hypothermie*, Erlendur est peut-être encore un peu plus obstiné qu'à l'ordinaire. Il cherche à tout prix à découvrir le fond de cette affaire, qui le touche sans doute plus personnellement. Il se retrouve confronté à tant de questions. Pourquoi il est devenu qui il est aujourd'hui. Pourquoi son mariage a capoté, pourquoi il n'a pas été capable d'élever ses enfants et pourquoi il entretient des relations compliquées avec eux. Pourquoi la vulnérabilité des enfants est si importante pour lui.

Ce drame familial à Thingvellir, qui s'étend sur plusieurs générations, lui rappelle des souvenirs liés à la perte de son frère dans cette maudite tempête de neige. Ce jour-là, il n'a pas réussi à garder la main de Bergur dans la sienne ; il a survécu, mais pas son petit frère.

Ce n'est pas un hasard si le titre islandais d'*Hypothermie* est *Hardskafi* ; c'est le nom de la montagne, dans les fjords de l'Est, où s'est déroulé ce drame de la jeunesse d'Erlendur. Dans ce livre, on raconte pour la toute première fois ce qui s'est passé.

La fille d'Erlendur, Eva Lind, vient lui rendre visite. Au moment d'entrer chez lui, elle le trouve un livre à la main. Ils discutent un petit moment de la famille et du fait qu'Eva Lind n'a jamais connu ses grands-parents :

> – C'était l'anniversaire de ta grand-mère avant-hier, observa Erlendur. Je me débrouillais toujours pour lui rendre visite ce jour-là.

Et quand Eva Lind demande à son père ce qu'il était en train de lire, quelque chose se produit finalement que tous les lecteurs d'Erlendur espèrent apprendre depuis le premier roman. Erlendur est maintenant prêt à raconter toute l'histoire à sa fille :

> – Qu'est-ce que tu lis ?
> – Une histoire tragique.
> – Celle qui parle de ton frère ?
> – Oui. J'aimerais bien… tu veux bien que je te la lise ?
> […]

Erlendur prit le livre, trouva la page et se mit à lire d'une voix basse, mais déterminée, le récit de cette tempête déchaînée qui avait façonné son existence tout entière.

Qu'Erlendur veuille tout simplement faire la lecture d'une affaire dont il ne souhaite jamais discuter avec personne est ce qui peut s'appeler une véritable surprise. Il ne décrit pas ce qui s'est passé avec ses propres mots, il le lit ; cela traduit à quel point il est encore prisonnier de cet événement sur le plan émotionnel. Il lit le rapport d'un tiers qui n'était pas présent au moment des faits, et qui a blessé sa mère.

L'histoire fait penser aux sagas : il n'y a pas un mot en trop, c'est une description professionnelle des événements. En tant que lecteur, on a plutôt l'impression d'être spectateur des événements que d'être plongé dans l'histoire. Les émotions, les considérations intérieures, les accusations et la souffrance font pourtant bruyamment entendre leurs voix entre les lignes.

LA TEMPÊTE DE NEIGE : UNE LECTURE DANS UN SILENCE ASSOURDISSANT

Le rapport « Tragédie sur la lande d'Eskifjardarheidi, récit consigné par Dagbjartur Audunsson » n'a pas été divulgué pour la première fois dans le roman, mais lors d'une lecture faite par Arnaldur Indridason au Festival littéraire international de Reykjavik (« Bokmenntahatid », rencontre bisannuelle) en septembre 2007, deux petits mois avant la parution d'*Hypothermie*.

Pendant cette grande soirée littéraire, Arnaldur Indridason est monté à la tribune et a lu cet extrait de son nouveau roman. Dès la première phrase, les quelques centaines de personnes qui se trouvaient dans la salle du vieux théâtre syndical Idno, où pas un seul siège n'était vide, furent saisies par le récit. Personne ne voulait perdre un seul mot. On aurait pu entendre une mouche voler. C'était ce que tout le monde attendait depuis des années ; à la surprise générale, le grand mystère qui avait fait d'Erlendur un homme aussi morose, tenace et sur la défensive s'éclaircissait enfin. Les applaudissements tonitruants en dirent long.

—

Dans le cas de l'assassinat de Thingvellir aussi, un enfant vit une expérience traumatisante ; le père de Maria a été tué à ses côtés, et elle n'a rien pu faire pour éviter cela. Toute sa vie a été bouleversée, elle s'est sentie coupable et n'a pu en parler avec personne.

Hypothermie est un titre important de la série sur Erlendur Sveinsson. Non seulement on découvre pour la première fois toute l'histoire de la disparition de Bergur, mais en plus Erlendur est pour la première fois en bons termes avec sa fille Eva Lind. Sur son insistance, il rencontre même son ex-femme, qu'il n'a plus revue depuis leur séparation. Dans *Hypothermie*, nous en apprenons plus sur Erlendur que dans les autres livres, à l'exception peut-être d'*Étranges rivages*.

AI Au début, je ne pensais pas du tout qu'Erlendur allait devenir un personnage récurrent. Mais ce que je voulais déjà, c'était un personnage plus complexe que ceux qu'on trouve généralement dans les romans policiers. Je voulais savoir pourquoi Erlendur était un être aussi sombre, erratique et solitaire. C'est ainsi que son personnage s'est développé : son intérêt pour les personnes disparues, ses relations difficiles avec sa famille, ses rapports avec ses collègues, et *last but not least,* son impression de proximité avec les parents des victimes. Il connaît leurs sentiments mieux que la plupart des gens. Et il ressent peut-être davantage de compassion pour les proches que pour les victimes elles-mêmes. ¶

Dans ce livre, Arnaldur Indridason n'a donc peut-être pas eu une mauvaise idée en nous emmenant sur le site historique le plus important d'Islande : Thingvellir. C'est là que les Vikings se réunissaient à partir de 930. Les chefs de clans (*godi*) des différentes régions y tenaient chaque année une assemblée générale nationale, l'Althing, pour adopter des lois, conclure des accords, condamner des criminels et exécuter des jugements. Dans le cas des condamnations les plus lourdes, les hommes étaient déclarés hors-la-loi pour plusieurs années – ce qui rendait leur survie sur l'île impossible. Les femmes, elles, étaient lestées de pierres et jetées dans un petit lac. On pensait qu'elles parviendraient à se libérer si elles n'étaient pas des sorcières.

Quand Erlendur commence à discuter avec Thorgerdur, une connaissance de la défunte Maria, cette dernière revient sur cette tradition :

> – [...] Son mémoire de fin d'études traitait des noyades à Thingvellir. C'était très instructif. J'ai été sa relectrice.
> – Des noyades ?

La noyade constituait une peine en cas d'adultère, d'assassinat d'enfant ou de faux témoignage. Plus tard, l'inceste et la sorcellerie furent aussi ajoutés à la liste des crimes capitaux.

Le lieu où le jugement était exécuté se trouvait juste derrière l'endroit où se réunissait l'assemblée. Son nom est Lögberg (la « Montagne de la loi »). La rivière Öxara a été détournée par les Vikings pour disposer de suffisamment d'eau lors des assemblées ; une cascade a été aménagée, permettant à l'eau de descendre à plusieurs niveaux. C'est là que se trouvait le lac, petit mais profond, dans lequel étaient jetées les condamnées entre le XVIe et le XVIIIe siècle, la dernière en 1749. Le petit lac a, pour cette raison, été appelé Drekkingarhylur (le « tourbillon de la noyade »).

À Thingvellir, on célébrait aussi des mariages, on formait des alliances et on faisait des affaires.

L'Althing est considéré comme le plus vieux Parlement au monde ; dans nombre de langues germaniques, le mot « t(h)ing » est l'ancien mot pour désigner le Parlement. À Oslo, c'est le Storting (littéralement « grand Parlement ») qui se réunit, à Stockholm le Volketing (« Parlement du peuple ») et à Torshavn, dans les îles Féroé, le Logting (« Parlement de l'ouest »). En néerlandais, le système judiciaire connaît encore l'expression *kort geding* (« référé »).

Fait significatif, les Islandais ont eu dès le début un vrai Parlement comme autorité législative et dernière instance, et jamais de roi ou quelque autre personnage qui aurait été au-dessus du Parlement. L'Islande n'a pas eu non plus de classe aristocratique propre (au contraire des puissances coloniales, Norvège et Danemark). Il y avait seulement un *lögsögumadur* (« orateur de la loi ») qui devait être capable de réciter toutes les lois de mémoire, et était élu tous les trois ans. Il n'y avait pas d'armée, de police ou d'autre force qui contrôlait le respect de la loi.

La localisation de l'Althing n'a pas été choisie seulement pour sa situation géographique avantageuse mais aussi parce que deux crimes y avaient été commis, exactement comme dans *Hypothermie*. Aucun paysan ne voulait céder ses terres pour la réunion annuelle, mais le propriétaire d'un terrain avait été identifié comme coupable d'un meurtre, déclaré hors-la-loi et exproprié. C'est ainsi qu'on décida d'organiser la rencontre sur ce terrain.

Deux décisions prises à Thingvellir ont changé fortement la vie sur l'île. Après des siècles de luttes sanglantes entre partisans et adversaires du roi de Norvège (alors puissance coloniale en Islande), il a été décidé, en l'an 1000, que les Islandais devaient soit devenir chrétiens, soit continuer d'honorer les anciens dieux germaniques, comme Odin, Thor et Freya. Le roi de Norvège, lui-même récemment converti au christianisme, avait tout intérêt à ce que l'Islande soit chrétienne elle aussi. Cela renforcerait son pouvoir vis-à-vis du clergé sur le continent.

Pendant la session parlementaire, la question suscita des réactions très contrastées ; c'est ainsi qu'à la demande des membres du Parlement, l'orateur de la loi, Thorgeir Thorkelsson, un païen, trouva un compromis acceptable pour les deux parties.

L'*Islendingabok* (le « Livre des Islandais ») raconte qu'il demanda une journée de réflexion et passa toute la nuit dans sa tente, blotti sous une couverture. Le matin suivant, il se montra au Parlement rassemblé. Il s'assura d'abord que tous accepteraient sa décision. Ensuite, il annonça que chacun devait devenir chrétien, parce que l'adhésion à une religion commune empêcherait la division du pays. Cependant, ceux qui souhaitaient continuer à vénérer en privé les dieux nordiques pouvaient le faire, à condition de rester discrets. La consommation de viande de cheval restait autorisée, et l'on pouvait continuer d'abandonner les nouveau-nés dans la nature. Cette pratique peut sembler particulièrement cruelle, mais c'était en réalité un geste charitable. Si les parents s'apercevaient qu'ils n'avaient pas de quoi nourrir et élever leur enfant, ils l'abandonnaient dans la nature où, si personne ne le retrouvait, il mourait très vraisemblablement de froid ou de faim. L'une des chansons populaires islandaises les plus connues parle d'une femme, le cœur lourd d'une peine infinie, contrainte de se séparer de son enfant.

Aujourd'hui, certaines coutumes et fêtes païennes sont toujours bien vivantes. La religion païenne germanique (Asatru) fait de plus en plus d'adeptes.

La seconde grande décision a été prise en 1944. La puissance coloniale danoise souffrait sous le joug de l'occupation nazie, et a donc vu d'un mauvais œil l'Islande se déclarer en faveur de son indépendance au terme d'un vote recueillant 98,6 % des voix, à l'occasion d'un référendum. Le 17 juin 1944, date anniversaire de Jon Sigurdsson (1811-1879) (voir plus loin le paragraphe sur « Le héros national et combattant pour la liberté Jon Sigurdsson »), l'indépendance, espérée par les Islandais depuis des siècles, a été proclamée à Thingvellir, lors d'une fête rassemblant un cinquième de la population.

De nos jours, le Parlement islandais se trouve sur la place Austurvöllur (①), à Reykjavik, mais le président continue de recevoir les invités étrangers à l'endroit même où est née la démocratie pour le pays tout entier.

En 1974, une grande célébration nationale s'est tenue à Thingvellir à l'occasion du millénaire.

Même Erlendur était présent (*La Cité des jarres*).

Thingvellir est un lieu très intéressant d'un point de vue géologique : la ligne de faille entre les plaques tectoniques nord-américaine et eurasiatique y est clairement visible. Le ravin qui les sépare se nomme Almannagja. Chaque année, les deux plaques avancent chacune d'environ deux centimètres. À Thingvellir, la plaque nord-américaine est la plus haute et la plaque eurasiatique la plus basse. Si l'Islande ne se décompose pas au fil du temps, c'est grâce à l'activité volcanique. Comme la faille continue à se remplir de magma par en dessous, la taille de l'île augmente de manière constante.

La lave qui couvre le fond provient du Skjaldbreidur.

> Cette bonne vieille montagne Skjaldbreidur veillait en surplomb au nord-est.

Le Skjaldbreidur n'est pas seulement une montagne, mais aussi un volcan bouclier inactif, âgé de 7 000 ans environ. Dans un volcan bouclier, la lave, au lieu de bouillonner et de provoquer une éruption dans les airs, coule pendant des années, voire des décennies. À Thingvellir, la lave du volcan Skjaldbreidur, qui culmine à 1 060 mètres et dont le cratère a un diamètre d'une largeur d'environ 300 mètres, coule lentement et a atteint la distance de 15 km… Le bassin où s'est formé le lac Thingvallavatn est aussi composé de cette lave.

En raison de sa nature, de son caractère géologique et de son passé important, le Thingvellir est devenu en 1930 un parc national et figure depuis 2004 sur la liste du patrimoine mondial de l'UNESCO.

Les Islandais s'y rendent volontiers. C'est une belle région naturelle en bordure des hauts plateaux et du plus grand lac du pays, le Thingvallavatn. Comme elle se trouve à seulement une petite heure de route de Reykjavik, c'est un site apprécié pour profiter du week-end, surtout l'été, quand la météo le permet. La région regorge aussi de petites maisons de vacances comme celle de Maria. Les plus grandes et les plus chères sont au bord du lac.

> – Quand il faisait jour, on y jouissait d'une vue sublime sur le lac de Thingvellir.

Comme les maisons sont éloignées de la route et se trouvent souvent en contrebas de celle-ci, elles sont rarement visibles. Les habitants peuvent ainsi jouir d'une grande tranquillité.

> Il avait eu quelques difficultés à trouver le chalet : par deux fois, il avait manqué la route qui permettait d'y accéder. Finalement, il avait aperçu le panneau presque avalé par la végétation. Solvangur. Il descendit jusqu'au lac et se gara à côté de la maison.

57• SUR LA ROUTE ENTRE REYKJAVIK ET THINGVELLIR

Gudrun, la disparue, se rendait souvent à Thingvellir, au volant de son Austin Mini jaune :

– Elle le connaissait comme sa poche. Elle s'y rendait très souvent, elle y avait ses coins préférés. Un de nos oncles, qui vivait ici à Reykjavik, avait un chalet d'été dans la vallée de Lundarreykdalur dans le Borgafjördur. On y allait souvent et, sur le chemin du retour, elle passait par la dorsale d'Uxahryggir et par Thingvellir. Elle longeait le lac par l'est, puis rentrait à Reykjavik. Il lui arrivait de camper là-bas, parfois avec des amies, parfois toute seule.

Dans *Hypothermie*, Erlendur appelle Eva Lind pour lui demander si elle souhaite passer une journée à l'extérieur et se balader à bord de sa Ford Falcon en longeant les lacs des environs de Reykjavik. Étonnamment, elle accepte.

Ils empruntent une grande route qui longe une multitude de lacs.

FORD FALCON

L'un des rares objets auquel tient Erlendur est sa Ford Falcon. Dans *Hiver arctique*, il est assis au volant de sa voiture, accablé par le chagrin : Marion Briem vient de décéder à ses côtés à l'hôpital.

Erlendur gara sa Falcon sur le parking devant son immeuble. Il laissa le moteur tourner quelques instants avant de l'éteindre. Malgré son âge avancé, cette voiture fonctionnait comme une horloge et ronronnait agréablement au ralenti. Erlendur aimait beaucoup sa Ford et parfois, quand il n'avait pas d'autre occupation, il prenait le volant et s'offrait des promenades en dehors de la ville. Il ne s'était jamais adonné à ce genre de chose auparavant. Un jour, il avait proposé à Marion un tour en voiture. Cette fois-là, la destination qu'il avait choisie était le lac de Kleifarvatn. [...] Il fit une grimace à cette pensée et caressa le volant blanc ivoire. Jamais plus il ne verrait Marion.

C'est aussi dans *Hiver arctique* qu'on le découvre pour la première fois au volant de sa Ford Falcon.

Erlendur s'arrêta devant l'immeuble. Il conduisait une Ford Falcon âgée d'une bonne trentaine d'années qu'il avait acquise à l'automne précédent – une voiture noire avec un intérieur blanc. Il laissa le moteur tourner et s'alluma une cigarette. C'était la dernière clope du paquet qu'il écrasa dans sa main, s'apprêtant à le balancer sur la banquette arrière, conformément à l'habitude qu'il avait prise dans son ancien véhicule, mais il se ravisa et plongea le paquet vide dans la poche de son imperméable. Il éprouvait à l'égard de cette Ford un certain respect.

Cette voiture est entrée dans la vie d'Erlendur à la suite d'une affaire ancienne qu'il parvient à résoudre dans *L'Homme du lac*. Dans ce roman, il est à la recherche d'un homme disparu qui a garé sa voiture, une Ford Falcon, sur Hlemmur (㉞). Erlendur retrouve le véhicule et finalement, découvre le sort de son propriétaire, Ludvig. Erlendur a du mal à se contenir tandis qu'il se trouve devant la voiture, dans le garage, en compagnie de la veuve du malheureux :

Erlendur admirait les lignes, la peinture noire, les feux arrière ronds, le tissu blanc des sièges, le volant chic, sans oublier le vieil enjoliveur qui avait retrouvé sa place après toutes ces années. Erlendur se sentit brusquement saisi d'une envie irrésistible. Il n'avait pas éprouvé ce genre de désir depuis une éternité. [...]

– C'est une voiture tout à fait remarquable. J'étais en train de me demander si... enfin, au cas où elle serait en vente... je pourrais même... [...]

Il n'avait jamais eu envie d'acheter des biens, ne voyant aucun intérêt à s'entourer d'objets sans âme. Cependant, il y avait dans cette Falcon quelque chose qui le fascinait. Peut-être s'agissait-il du passé du véhicule, du rapport mystérieux qu'il avait avec une disparition datant de plusieurs décennies. Pour une raison obscure, Erlendur avait l'impression qu'il se devait d'avoir cette voiture-là.

AI Mon père avait une Ford Falcon dans les années 60, une magnifique voiture américaine de couleur noire. J'avais alors six ou sept ans et j'avais accompagné mon père pour la chercher au garage. Il était extrêmement enthousiaste quand il s'agissait de sa voiture. Donc oui, de temps en temps, je m'autorise à ajouter quelques éléments personnels dans mes romans. ¶

Ils étaient partis [du lac] d'Ellidavatn où on avait récemment construit un nouveau quartier.

Ce petit lac, qui se trouvait auparavant loin de la ville, en fait désormais partie intégrante. C'est une zone récréative appréciée des promeneurs et des pêcheurs. La petite rivière Ellidaar est le seul endroit au monde où l'on peut pêcher le saumon dans une capitale. Chaque année, le maire ouvre la saison et pêche ensuite le premier saumon.

Raudavatn et Reynisvatn, « que le nouveau quartier de Grafarholt cachait désormais au regard », se trouvent désormais aussi à l'intérieur des limites de la ville.

Juste après le lac de Langavatn, ils quittent la zone métropolitaine et prennent la route 36 via Mosfellsbaer en direction de Thingvellir. En chemin, ils vont voir d'autres petits lacs : Leirvogsvatn, Stiflisdalsvatn (en empruntant une petite route supplémentaire depuis la route 48) et Mjoavatn. Ensuite, Erlendur et Eva Lind passent près de Thingvellir et se dirigent vers le nord, en direction du petit lac de Sandkluftavatn

> qui longeait la route sur la face nord du plateau de Hofmannaflöt en remontant vers la dorsale d'Uxahryggir pour déboucher dans la vallée de Lundarreykdalur. Ils s'étaient arrêtés sur les rives du Litla-Brunnavatn, juste à côté de Biskupsbrekka.

À nouveau, l'auteur-historien nous emmène dans un lieu à première vue banal, mais important dans l'histoire du pays. C'est là, à Biskupsbrekka, qu'est mort le légendaire évêque Jon Thorkelsson Vidalin (1666-1720). Il n'était pas seulement évêque et érudit, mais aussi l'un des poètes les plus influents d'Islande. Il écrivait en latin et est considéré comme le représentant le plus célèbre du piétisme en Islande, aux côtés de Hallgrimur Pétursson (qui traduisit les psaumes et dont l'église Hallgrimskirkja, à Reykjavik, porte le nom).

On a beaucoup parlé de sa mort durant l'été 1720, car il la pressentait depuis un moment et l'avait annoncé. Cette année-là, il a dû partir en voyage pour se rendre aux funérailles d'un membre de sa famille. Avant son départ, il a exprimé son inquiétude concernant le voyage à effectuer sur le Kaldidalur, celle qui menait au nord en traversant le désert de pierre des rudes hauts plateaux. Et, effectivement, il est tombé malade et est mort sur le chemin du retour. En souvenir de lui, on a appelé l'endroit « Colline de l'évêque » et on y a planté une croix.

> Ils quittèrent la dorsale d'Uxahryggir et traversèrent la vallée de Lundarreykdalur jusqu'au Borgarfjördur à la nuit tombante. Ils ne firent pas d'autre halte et restèrent silencieux la majeure partie du trajet. Ils empruntèrent le tunnel du Hvalfjördur et longèrent le cap de Kjalarnes.

Erlendur est à nouveau dans la région pour quelques jours. Un peu après Biskupsbrekka, la route 52 vire à gauche ; quelques minutes plus tard, on arrive au lac d'Uxavatn. C'est là que le plongeur Thorbergur a trouvé une Austin Mini jaune, disparue depuis vingt ans, avec à son bord Gudrun et son ami David.

> – La seule explication possible est qu'il était gelé, répondit Thorbergur. Elle a dû s'y engager en voiture, peut-être prise d'euphorie, en pensant bien connaître les lieux. Tout à coup, la glace cède, l'eau est tellement froide et la profondeur suffisante.
> – Et ils disparaissent, conclut Erlendur.

58• LITLA-HRAUN : la prison dans la lave

À proximité d'Eyrabakki, au sud du pays, se trouve la plus grande prison d'Islande. C'est là qu'on enferme les plus grands criminels. Le complexe se situe dans un champ de lave passablement étendu, dont il tire son nom, qui signifie littéralement « petite lave ». La situation de la prison rend toute tentative d'évasion quasiment impossible. Sur les premières centaines de mètres, il n'y a aucune possibilité de se cacher.

En Islande, les prisonniers doivent travailler : ils produisent par exemple les plaques d'immatriculation des véhicules.

59• SVÖRTULOFT : la falaise sur laquelle trébuchent les banquiers

Dans *La Muraille de lave*, les quatre banquiers Sverrir, Arnar, Knutur et Thorfinnur passent le week-end au vert. Sverrir est originaire de la péninsule de Snaefellsnes, au nord de la capitale, sur laquelle trône à l'extrémité ouest le volcan-glacier haut de 1 446 m, le Snaefellsjökull. S'il faut trois heures de route pour rallier Snaufellsnes depuis Reykjavik, on peut, par temps calme, admirer cette magnifique montagne, point le plus à l'ouest de la ligne d'horizon, depuis la capitale. Dans *Les Roses de la nuit*, Erlendur et Sigurdur Oli assistent à ce beau spectacle.

> [Erlendur] appela Sigurdur Oli et descendit avec lui dans le centre-ville. Il était presque minuit. Le soleil se reposait un instant sur le sommet du glacier de Snaefellsjökull avant de reprendre sa course.

Les quatre banquiers descendent dans le très chic hôtel Budir, au sud du glacier. Budir est depuis des lustres une place de commerce importante ; à la fin du XVIe siècle des centaines de personnes y vivaient. En 1926, les autorités ont acheté les terres. L'activité qui y régnait auparavant n'appartenait déjà plus qu'au passé. Budir n'était plus un lieu important.

Aujourd'hui, on y trouve seulement un hôtel chic et une église. La première église de Budir fut construite en 1703. L'église noire que l'on voit maintenant remonte à 1848 et relève du service de conservation des monuments historiques. C'est l'une des plus vieilles églises en bois qui existent encore en Islande.

Le week-end des banquiers vise un objectif particulier. En effet, tous les quatre sont impliqués dans une affaire de blanchiment d'argent provenant principalement de la pornographie pédophile. Au début, ils savaient seulement qu'il y avait quelque chose de suspect, mais une fois la véritable origine de l'argent découverte, Thorfinnur ne veut plus avoir affaire avec tout ça. Il est d'avis de rendre l'argent et d'abandonner le projet. Chez les trois autres, l'appât du gain prend le dessus. Maintenant, ils doivent décider ce qu'ils vont faire. Après en avoir parlé toute une journée, ils s'en vont dans la nature. Sverrir veut leur montrer quelque chose, mais Arnar et Knutur partent escalader le glacier avec un groupe. Ainsi, Sverrir part seul avec Thorfinnur vers le nord-ouest de la montagne et met le cap sur les falaises de Svörtuloft, en passant par le champ de lave.

– Vous savez que le bâtiment de la Banque centrale est surnommé ainsi. Svörtuloft, la muraille de lave. Sverrir trouvait ça marrant. Il nous a promis qu'il allait nous montrer le véritable Svörtuloft, la muraille de lave grandeur nature. Je ne savais même pas qu'il y avait un endroit de ce nom en Islande.

La Banque centrale d'Islande (Sedlabanki Islands) est surnommée « Svörtuloft » par les gens du coin. Avec ses plaques hexagonales en roche volcanique, le bâtiment en béton rappelle le basalte, il est situé dans la capitale, juste à côté de la salle de concert Harpa, édifice revêtu de panneaux de verre. Le siège de la Banque centrale est l'exact contraire de l'Harpa ; avec ses très hauts murs, elle évoque davantage le pouvoir et l'inaccessibilité que la transparence. La Banque a également joué un rôle fondamental dans la crise financière de l'Islande.

Le fait qu'Arnar ignore que le surnom de la banque est emprunté à un site naturel en dit long sur le personnage.

À proximité des falaises de Svörtuloft, la mer peut être très rude, et le courant très fort. C'est pour cela que les falaises, comme on le lit dans le livre, sont appelées « Ciel noir » ; elles étaient la dernière chose que voyaient les marins quand ils approchaient leur navire trop près des côtes et étaient engloutis.

Le nom Svörtuloft est inscrit sur toutes les cartes et dans tous les atlas. Il n'y a plus que la population locale qui se souvient que les falaises vues depuis le continent portent un autre nom, « Skalasnagi », du nom d'une ferme des alentours. Cette région s'appelle Svörtuloft seulement lorsqu'on regarde la terre depuis la mer.

C'est un beau champ de lave avec des petits chemins pour se promener. Et même s'ils ne sont pas mentionnés dans *La Muraille de lave*, il y a deux phares qui se dressent sur ces falaises, à brève distance l'un de l'autre, le grand, Svörtuloftaviti (12,8 m de hauteur, qui projette sa lumière jusqu'à 11 mille marins) et le petit, Öndverdarnesviti (3,5 m de hauteur). Un rocher s'est détaché de la falaise et est tombé dans la mer.

Un morceau particulièrement gros est régulièrement submergé par de fortes vagues ; avec l'érosion, un trou s'est même formé à l'intérieur.

Une source se trouve à quelques mètres de l'Öndverdarnesviti. Son nom indique qu'avant l'arrivée des Vikings, des moines irlandais vivaient à cet emplacement.

À un moment donné, Sverrir en Thorfinnur se disputent. Sverrir veut surtout gagner beaucoup d'argent et n'a aucun scrupule. Il n'arrive pas à convaincre Thorfinnur de continuer leur sordide affaire. On ne saura jamais si Thorfinnur est effectivement tombé de la falaise après le départ de Sverrir, ou si ce dernier l'a poussé. S'il s'agissait bien d'un accident, Thorfinnur a tout bêtement marché du mauvais côté. Toute autre direction l'aurait mené au champ de lave, où certes il aurait pu s'égarer mais aurait certainement été retrouvé vivant.

La brigade de sauvetage, alertée par Sverrir à son retour à l'hôtel, se rassemble chez Gufuskalar. Il y a là une antenne haute d'une dizaine de mètres. Il y a également quelques bâtiments. L'antenne, comme les bâtiments, a été construite par l'armée américaine pendant la Seconde Guerre mondiale.

Du XVe au XXe siècle, Gufuskalar était un lieu où l'on pêchait et où l'on commerçait. C'était peut-être le port le plus occidental de la Ligue hanséatique : on y exportait de la morue vers l'Angleterre et l'Allemagne. À certains endroits, on peut encore voir des entailles dans la pierre, correspondant au frottement des bateaux. Dans les champs de lave aussi, on peut encore voir le contour des anciennes huttes en pierre où séchait le poisson.

La brigade de sauvetage ne parvient pas à trouver Thorfinnur. Son corps échouera plus tard sur la plage de Skardsvik qui, bien qu'entourée de hauts rochers, est plutôt agréable. C'est l'une des rares plages de sable blanc du pays.

60• HRAFNSEYRI : terre natale du héros du peuple Jon Sigurdsson

L'endroit où tout converge, selon les propos d'Erlendur enquêtant dans *Les Roses de la nuit* : le lieu de naissance de Jon Sigurdsson, au cœur des fjords de l'Ouest. Erlendur est convaincu que le corps de la victime d'un meurtre a été délibérément abandonné sur la tombe de Jon Sigurdsson, dans le cimetière de Holavallagardur, à Reykjavik ; il croit que le coupable veut faire passer un message. D'autant plus que la victime, Birna, et son ami porté disparu sont tous les deux originaires des fjords de l'Ouest.

En compagnie de Sigurdur Oli, Erlendur se dirige donc vers les fjords de l'Ouest afin d'éclaircir cette affaire.

LE HÉROS NATIONAL ET COMBATTANT POUR LA LIBERTÉ JON SIGURDSSON

Jon Sigurdsson (1811-1879) était historien, philologue (il était passé maître dans la lecture et l'interprétation de vieux manuscrits), et avant tout politicien. En 1829, il déménagea au Danemark, où il passa une grande partie de sa vie.

À partir de 1840, Sigurdsson est membre de la Société de littérature islandaise (Bokmentafélag) ; en 1851, il devient président du département islandais à Copenhague.

Il plut au roi danois Christian VIII de témoigner son respect au petit peuple de l'Ouest lointain. Après tout, il avait bien écrit toutes ces sagas sur les rois du Danemark. Par le passé, des souverains danois avaient interdit l'Althing, mais à partir de cette année-là, le Parlement fut autorisé à se réunir à nouveau. Pas à Thingvellir cette fois mais, sur l'insistance de Jon Sigurdsson, à Reykjavik.
La fondation du nouveau Parlement était une confirmation importante de la position spéciale dont jouissait l'Islande au sein du royaume. Ceci alors que l'île tout entière comptait à peine 58 000 habitants.
Le nouveau Parlement n'avait pas beaucoup d'influence, et ce n'était pas seulement dû à la fréquence bisannuelle des assemblées.
Quand le roi Frederik VII, en 1848, décida inopinément d'abolir le pouvoir absolu, Jon Sigurdsson exprima l'opinion suivante : selon lui, l'Islande pouvait ainsi récupérer son droit à l'autodétermination. Après tout, un contrat avait bien été signé en 1262 entre l'Islande et le roi du Danemark, prévoyant que l'Islande était une propriété du roi, et non de l'État danois. L'appel à l'indépendance fut retentissant. Toutefois, le roi répondit qu'aucune décision concernant l'Islande ne serait prise avant que l'opinion des Islandais ne soit entendue à l'occasion d'une session extraordinaire. Cette session extraordinaire du Congrès national (Thjodfundurinn) eut lieu en 1851. Mais l'enthousiasme qu'avait suscité la Révolution française avait déjà disparu. Le Danemark n'était plus si généreux. En outre, ses propositions n'étaient pas du tout celles que Jon Sigurdsson et les siens avaient en tête. Le congrès fut dissous sans résultat. Par la suite, on discuta pendant deux décennies sur le statut de l'Islande.

En 1854, une revendication importante de Jon Sigurdsson fut mise en œuvre : la liberté totale de commerce pour tous les Islandais. Cela eut pour conséquence une grande croissance économique. En 1861, Jon Sigurdsson devint membre d'une commission gouvernementale danoise portant sur les questions financières.
Finalement, un compromis fut trouvé en 1871, quand le roi du Danemark promulgua une loi sur le statut de l'Islande au sein du royaume du Danemark : l'Islande continuait de faire partie du Danemark, mais bénéficiait de droits spéciaux. Le pays allait recevoir de l'argent du Danemark et bénéficier de sa protection.
Cependant, la discussion n'était pas close : en effet, l'Islande n'était toujours pas un pays libre.
Finalement, en 1873, lors d'une réunion très animée, des revendications furent affirmées, que le Danemark ne pouvait en aucun cas accepter. Jon Sigurdsson redoutait une aggravation de la situation, qui aurait rendu les négociations encore plus compliquées. Il formula donc un compromis qui, sur le fond, s'en tenait au statu quo, tandis qu'il était demandé au roi du Danemark d'offrir une constitution à l'île à l'occasion du 1000e anniversaire de l'établissement des Vikings en Islande, fêté en 1874.
Cette constitution fut rédigée. L'Althing constituait le pouvoir législatif auquel furent octroyées les questions islandaises. Le Premier ministre sollicité n'accepta toutefois pas la charge ; un des ministres danois reçut l'Islande en supplément dans son portefeuille. Les lois de 1871 et 1874 n'auraient pas été concevables sans le travail incessant et infatigable de Jon Sigurdsson, même si ce dernier réalisa avec un peu d'amertume qu'il n'avait jamais pu parvenir à une indépendance totale. Ce qui allait arriver plusieurs décennies plus tard et en plusieurs étapes n'aurait jamais été possible sans lui.
Jon Sigurdsson mourut en 1879, à Copenhague. Sa femme le suivit quelques jours plus tard seulement. Le 4 mai 1880,

leurs dépouilles furent ramenées à Reykjavik, entourées d'un public nombreux. Pendant son existence terrestre, Sigurdsson était surnommé le « président », bien que cette fonction n'existât pas encore en Islande. En 1918, au lendemain de la Première Guerre mondiale, alors que le nationalisme régnait, l'Islande était une nation indépendante. Le Danemark lui imposait cependant de rester neutre et de ne soutenir aucune puissance militaire. Mais c'est seulement en 1944 – le Danemark était alors occupé par l'Allemagne nazie et ne pouvait pas intervenir – que l'Islande déclara son indépendance, à la faveur d'une grande cérémonie organisée au Thingvellir le 17 juin, date de naissance du héros et défenseur des libertés Jon Sigurdsson. Son anniversaire, jour de l'indépendance, est encore aujourd'hui le jour de la fête nationale en Islande. Jon Sigurdsson est considéré comme l'un des architectes de l'actuel système politique islandais. Son visage figure sur le billet de banque de 500 couronnes, sur les deux faces ; sur un socle élevé, une grande statue de lui veille toujours sur le Parlement, depuis la place Austurvöllur. Chaque année, des couronnes et des fleurs sont déposées sur sa tombe par le maire de Reykjavik, parfois accompagné de quelques ministres.

Pour Erlendur, cela ressemble à un voyage scolaire. Enfin, il va se rendre sur les lieux où est né le héros national, ardent défenseur des libertés. Pour sa part, Sigurdur Oli juge l'excursion plutôt ennuyeuse et se plaint des routes mauvaises et impraticables des fjords de l'Ouest.

Le lendemain matin, ils gravirent des landes abruptes dans un brouillard laiteux et s'arrêtèrent dans l'Arnarfjördur, à Hrafnseyri, le lieu où Jon Sigurdsson avait vu le jour. Sur la droite, en surplomb de la route, se trouvaient quelques maisons typiquement islandaises : murs rouges, fenêtres blanches et toit en tourbe. Le berceau de l'Indépendance, pensa Erlendur, curieux d'en savoir plus sur l'histoire du lieu.

Celui qui n'est pas du tout transporté, c'est Sigurdur Oli. Il n'apprécie absolument pas de se retrouver dans le silence presque absolu d'une sorte de *no man's land*. Il reste assis dans la voiture. Les lieux et Jon Sigurdsson, il s'en moque totalement.

– Tu es incroyable, rétorqua Erlendur en claquant sa portière. […] Il prit tout son temps pour faire le tour du site en caressant les murs en tourbe et en pensant à la jeune génération qui préférait rester en voiture, ne s'intéressait pas à l'Histoire ni à l'héritage de la nation, et n'avait qu'une envie : rouler à toute vitesse vers la prochaine étape, incapable de ralentir, d'observer et de méditer.

Debout sur le parking face à ces maisons en tourbe, il se sentait ému.

Sigurdur Oli klaxonne à ce moment-là : ça dure trop longtemps pour lui, il veut s'en aller. Après la question d'Erlendur cherchant à savoir pourquoi il ne veut pas voir la ferme de Jon Sigurdsson, l'atmosphère dans la voiture ne s'améliore certainement pas.

– Ça me suffit de voir ce truc par la vitre.

– Ce truc ? Tu crois que c'est un endroit qu'on regarde comme une émission à la télé ? Tu sais que ce *truc* est un lieu bien réel. Ce n'est ni un décor, ni une pub, ni un clip.

Peut-être est-ce parce que Erlendur avait très peu de temps pour regarder, ou parce que les bâtiments et le musée étaient fermés vers midi, en tous les cas la description des environs est vraiment pauvre. Alors que la ferme, si jolie, se trouve juste à côté. Avec sa toiture végétale, ses façades latérales en tourbe et sa façade avant en bois, c'est à la fois un musée et un café. Dans la grande bâtisse en pierre à côté, on peut visiter un musée consacré à la vie de Jon Sigurdsson. Comme c'est si souvent le cas dans les grandes fermes, une petite église en bois complète la propriété.

Notons qu'il y avait déjà une ferme installée à cet endroit avec l'arrivée des Vikings. Au XIIe siècle, le bâtiment de l'époque fut baptisé du nom de Hrafnseyri, « Banc de sable des corbeaux », une référence à son propriétaire. Dans le jardin devant se trouve une pierre tombale portant le nom de celui-ci : Hrafn Sveinbjarnarson, décédé le 4 mars 1213, était un voyageur ; il avait appris son métier de barbier chirurgien à Salerne, à l'époque sicilienne. Il est le héros de la saga *Hrafnssaga*.

Hrafn était un pèlerin qui s'est, entre autres, rendu à Canterbury, Saint-Gilles-du-Gard, Rome et Saint-Jacques-de-Compostelle. Il fit beaucoup de bien en sa qualité de guérisseur et de conseiller. Néanmoins Thorvaldr, un homme qui avait vécu auparavant avec Hrafn comme s'il était son fils, fomenta le plan de l'assassiner. Par deux fois, il échoua. La troisième fois, Thorvaldr affirma que Hrafn serait exécuté par décapitation. Préparé à mourir à la suite de rêves qu'il avait faits, Hrafn s'avança, inébranlable, vers le martyre, non sans avoir communié une dernière fois.

Si connue des lecteurs islandais qu'elle en est complètement omise dans le livre : la majestueuse chute d'eau Dynjandi de l'autre côté du Hrafnseyri, plus loin dans le fjord. L'« étourdissante » ne porte pas ce nom par hasard. Le spectacle offert par la chute d'eau est non seulement impressionnant, mais aussi assourdissant à certains endroits. Haute de 100 mètres, son sommet fait 30 mètres de largeur tandis que sa base atteint le chiffre incroyable de 60 mètres. À sa suite, cinq autres plus petites chutes d'eau. Le sol se compose de couches de sédiment et de lave vieilles de 13 ou 14 millions d'années.

AI En tant qu'historien, j'ai la volonté de garder vivante la mémoire de l'histoire. Nous sommes indépendants depuis relativement peu de temps, et ce serait dommage d'oublier si vite, une fois notre liberté acquise, ces gens qui ont combattu toute leur vie.

Mais je ne fais pas ici de sermon : même si je suis d'accord avec Erlendur, Sigurdur Oli lui fait un discours, immédiatement après la visite, pour lui rebattre les oreilles sur le ton geignard qu'il utilise pour parler d'histoire. ¶

61• ESKIFJÖRDUR/HARDSKAFI : là où tout a commencé

– Pourtant, tu n'abandonnes pas, nota Eva. Tu continues de chercher. Tu vas là-bas, dans les fjords de l'Est.

– En effet, je vais dans l'Est. Je grimpe sur Hardskafi et, de là, sur la lande d'Eskifjördur. Parfois, j'y campe.

– Mais tu n'y trouves jamais rien.
– Non, rien que des souvenirs.
– Et ça ne suffit pas ?
– Je ne sais pas.
– Hardskafi ? C'est quoi au juste ?

Eskifjördur, littéralement « fjord rabot », est aussi bien le nom d'un fjord faisant partie du Reydarfjördur que celui du village de pêcheurs qui se situe dans ce fjord. Après la fin du monopole commercial danois en 1786, Eskifjördur était l'une des six localités de toute l'Islande à recevoir une charte urbaine et, par conséquent, à pouvoir commercer. Eskifjördur comptait alors une centaine d'habitants. Tardivement, au XIXe siècle, les Norvégiens enseignèrent aux Islandais comment gérer la pêche du hareng et son traitement à grande échelle. En 1902, la population atteignit le chiffre de 228 habitants.

Comme tant de villages en Islande, Eskifjördur s'étend le long de la mer. Il compte aujourd'hui un millier d'habitants.

AI Les lieux hors de Reykjavik se sont imposés d'eux-mêmes. Ils étaient nécessaires à l'intrigue et à l'histoire des personnages.

Concernant Hardskafi, cela s'est passé différemment. Je voulais trouver un lieu qui soit aussi éloigné que possible de Reykjavik. Et, par le passé, Hardskafi était encore beaucoup plus loin de la capitale qu'aujourd'hui. Il n'y avait pas de ponts pour traverser les rivières dans le Sud. La possibilité de voyager d'un endroit à l'autre dépendait donc complètement de la météo.

Parfois, c'était impossible et il fallait attendre que les conditions climatiques le permettent.
Je me suis moi-même souvent rendu dans les fjords de l'Est. J'ai découvert alors cette splendide montagne au nom incroyablement brut : Hardskafi. ¶

Dans *Étranges rivages*, tandis qu'Erlendur marche sur le haut plateau, il rencontre le vieux chasseur Boas. Erlendur lui demande s'il a entendu parler de disparitions dans la région ; de retour au village, Boas lui parle d'un groupe de soldats britanniques. Erlendur lui rétorque qu'il connaît déjà toute l'histoire, mais cela ne dissuade pas du tout Boas de raconter ce qu'il sait à son nouveau confident.

Il y avait, à Reydarfjördur, pendant la Seconde Guerre mondiale, 4 000 soldats britanniques, canadiens, norvégiens et américains en poste – alors qu'à la même époque à peine 300 âmes habitaient le village. Subitement, la vie de ces Islandais fut totalement chamboulée. D'un jour à l'autre, il y eut suffisamment de travail, bien payé en plus, et outre la soirée dansante annuelle de Noël, toute une vie nocturne se développa dans le village avec des cinémas, des cafés, des restaurants et des endroits pour aller danser.

Presque rien ne laissait deviner que la guerre faisait rage. De temps à autre, des avions-espions allemands passaient dans le ciel, obligeant la population à se réfugier dans des abris, et les canons anti-aériens tiraient dessus ; il y avait aussi un grand hôpital militaire pour accueillir les soldats blessés. Ce n'était donc pas si surprenant que les gens de Reydarfjördur parlent de « guerre bienheureuse ».

Mais une grande tragédie est survenue, qui a conduit à une opération de sauvetage dont l'ampleur reste inégalée dans l'histoire islandaise. La nuit du 21 janvier 1942, les officiers d'un peloton du Kings' Own Yorkshire Light Infantery trouvèrent nécessaire, en guise d'exercice, de faire marcher soixante soldats depuis Reydarfjördur jusqu'à Eskifjördur en traversant les montagnes. Ils n'étaient pas équipés pour affronter les conditions météorologiques particulièrement mauvaises de cette nuit-là, le blizzard faisant rage. Ils se perdirent et, après avoir tourné en rond pendant des heures dans la tempête de neige, ils virent brûler la flamme d'une petite bougie, quelque part dans le lointain. Les forces leur manquaient, ils n'étaient plus en mesure d'atteindre cet endroit. Ils eurent alors une chance incroyable : un des frères de la Veturhus (« maison de l'hiver »), la ferme à la fenêtre de laquelle brillait la bougie, aperçut justement quelque chose bouger ; les habitants du lieu ramenèrent chez eux quarante-huit des soixante hommes pour qu'ils puissent s'abriter au chaud. Quatre soldats trouvèrent un hébergement eux-mêmes, mais pour les huit hommes restants l'aide arriva trop tard. Comme le jour suivant se levait, on découvrit que certains étaient morts dans la cour de la ferme.

Ce que Boas raconta aussi, c'est qu'en ce même soir de janvier 1942, une certaine Matthildur projetait d'emprunter la même route que celle prise par les soldats, mais en sens inverse, pour rendre visite à sa mère. Elle n'y parvint jamais et ne fut jamais retrouvée, ce qui fit naître des rumeurs. Elle vivait un mariage malheureux avec un marin, et un autre homme lui plaisait beaucoup.

– Beaucoup de gens se souviennent de l'histoire de ces militaires britanniques, mais bien peu de Matthildur, reprit Boas qui ouvrait toujours la marche, le renard sur son épaule. C'est pendant cette même tempête qu'elle a disparu de sa ferme. Son mari a déclaré qu'elle prévoyait de se rendre à Reydarfjördur en empruntant le même chemin que ces soldats et en passant, elle aussi, par les failles de Hraevarskörd. Ce n'était pas la première fois qu'elle prenait cette route, elle la connaissait bien, quand on a demandé aux soldats s'ils l'avaient aperçue, ils étaient certains que non.

Eskifjördur, le village où habitait Matthildur, est celui où a grandi Erlendur. La ferme où il a passé ses premières années existe bien dans les livres d'Arnaldur Indridason. La « ferme Bakkaselhjateiga », le plus souvent appelée en abrégé « Bakkasel » (*hjateiga* signifie « petite ferme »), se situait un peu à l'ouest par rapport au centre. La bâtisse était encore bien visible depuis le cimetière, qui se trouvait, lui, à l'extrémité ouest.

La métairie de Bakkasel était autrefois le nom de la ferme située au fond du fjord d'Eskifjördur, le long de cette vieille route rejoignant la région de Fljotdalshérad. Elle est aujourd'hui abandonnée, mais au milieu du siècle le paysan Sveinn Erlendsson et sa femme Aslaug Bergsdottir l'occupaient. Ils avaient deux fils, âgés de huit et dix ans, Bergur et Erlendur.

Erlendur continua de revenir dans son village natal. Dans *Étranges rivages*, il le fait pour la dernière fois ; la boucle est bouclée. Il s'installe à Bakkasel, devenue une ruine après 1960, quand son père, sa mère et lui l'ont quittée pour partir vivre à Reykjavik.

Ces lieux étaient ceux de son enfance et il y revenait de temps à autre, quand cela lui semblait nécessaire. Il marchait beaucoup dans la région et préférait s'installer dans cette maison abandonnée plutôt que de mariner dans une chambre d'hôtel. Parfois, il campait. Parfois, il trouvait un endroit au sec à l'intérieur de la maison.

Juste derrière Bakkasel, le terrain montant vers le haut plateau du nom de Hardskafi est escarpé. C'est la montagne que Sveinn et ses deux fils, Erlendur et Bergur, gravirent un jour de forte tempête.

La version islandaise d'*Hypothermie* a pour titre le nom de ce haut plateau, « Hardskafi ». Dans ce roman, Erlendur lit le rapport de la brigade de sauvetage à sa fille Eva Lind mais il faut attendre *Étranges rivages* pour savoir comment le jeune Erlendur a vécu ces événements. Ensuite seulement, tout devient clair, la raison profonde du sentiment de culpabilité qui a ravagé Erlendur toute sa vie, et son besoin de s'acharner autant sur les affaires non résolues.

Deux semaines avant le tragique accident dans le Hardskafi, Erlendur et Bergur reçoivent un cadeau de leur père : pour Erlendur, c'est un petit soldat de plomb – il les collectionne –, pour son frère une petite auto rouge miniature. Mais Erlendur trouve la petite voiture bien plus jolie et voudrait bien procéder à un échange avec Bergur. Même s'il lui propose de lui donner d'autres choses en plus, Bergur refuse sa proposition. Il aime beaucoup sa petite voiture et l'emporte partout avec lui. Deux semaines plus tard, Erlendur est toujours fâché contre son frère, avec qui il s'entend pourtant d'habitude très bien. Il cherche à se venger.

Il regarde sa mère et pense à sa maison. Il garde en mémoire jusqu'au moindre détail. On entendait de la musique à la radio dans la cuisine. Son père avait déjà enfilé des vêtements chauds pour sortir quand il était venu le chercher ce matin-là. La veille au soir, il avait dit qu'il devait ramener ses brebis avant qu'elles ne meurent de froid. Décidément, c'était à croire qu'elles n'allaient jamais redescendre toutes seules de la lande. Son père se tenait dans l'embrasure, à la porte de sa chambre, et enfilait son pardessus en lui disant qu'il devait l'accompagner. Il fallait qu'il s'habille chaudement, dehors il faisait froid.

Erlendur avait levé les yeux de ses occupations.

– Si c'est ça, Bergur vient aussi, avait-il répondu, presque sans réfléchir.

Son père l'avait dévisagé. Il était évident qu'il n'avait pas prévu d'emmener le plus jeune de ses fils. Il avait bien d'autres choses auxquelles penser.

– D'accord, il nous accompagne.

L'affaire était réglée. Il n'y avait rien à ajouter. Lorsque la mère des garçons avait protesté, un peu plus tard, elle n'avait pas réussi à le faire plier. Les deux fils étaient partis avec leur père. Erlendur se sentait ivre de triomphe.

Mais l'ivresse avait été brève.

Ces mots qu'il vient de prononcer vont changer sa vie tout entière moins de 24 heures plus tard

Des paroles qu'il a prononcées dans un passé lointain, avec lesquelles il a vécu toute sa vie, mais qu'il n'aurait jamais dû laisser sortir de sa bouche.

Des mots tellement insignifiants.

Des mots tellement gigantesques.

AI Pour moi, les enfants sont très importants. Ils sont encore si vulnérables. C'est tellement facile de les émerveiller ou de leur faire de la peine.
Mes livres parlent toujours de familles ; peut-être des familles qui auraient pu ne jamais exister. Pour moi, ceux qui s'en prennent aux enfants sont les pires criminels.
Nous devons nous montrer doux avec les enfants. Même si je ne donne pas de leçon dans mes romans, c'est la chose la plus importante que je veux communiquer par mon travail.
Il faut avoir un message à faire passer, sinon à quoi bon ? ¶

Typiquement islandais

La langue islandaise

Les Islandais sont très attachés à leur langue. Celle-ci a naturellement aussi subi l'influence d'autres langues, en particulier l'anglais, ce qui agace Erlendur au plus haut point.

Au cours des siècles, l'islandais a peu changé. Il vient du norvégien du IXe siècle, quand les premiers Vikings colonisèrent le pays ; il appartient donc à la famille des langues germaniques. L'Islandais a encore trois genres grammaticaux comme jadis, et quatre déclinaisons, au contraire des langues scandinaves qui n'en ont plus. Les Islandais peuvent lire leurs sagas médiévales et *Edda* dans la version originale, même si la langue qui y est utilisée semble un peu étrange et vieillotte. C'est un fait extrêmement rare, cela n'est possible dans presque aucune autre langue. L'île était si éloignée de tout, la mer si agitée et le climat si froid que les échanges avec d'autres zones linguistiques étaient assez rares.

Erlendur est très préoccupé par l'utilisation des anglicismes, comme en témoigne ce passage de *La Cité des jarres* :

À ce moment-là, la sonnette retentit. Eva Lind avait décidé de faire un petit *drop in*, comme elle disait. Sa façon de parler lui portait sur les nerfs.

– Alors, ça pendouille comme il faut ? dit-elle en passant la porte avant d'aller s'affaler directement dans le canapé du salon.

– Allons, dit Erlendur en refermant la porte. Fais-moi grâce de ces imbécillités.

– Je croyais que tu voulais que je surveille mon langage, rétorqua Eva Lind qui avait eu droit à un certain nombre de sermons de la part de son père sur la manière de parler.

– Alors, exprime-toi de manière sensée.

Sigurdur Oli, surtout, avec son habitude d'employer des mots américains, déclenche régulièrement des conversations tendues :

– Tout est super cool de mon côté, observa Sigurdur Oli.

– Super cool ?! grommela Erlendur. Pourquoi faut-il toujours que tu t'exprimes comme un imbécile ?

– Quoi… ?

– Il n'y a absolument rien qui soit « super cool » dans tout ça !

– Tu veux bien en venir au fait ? coupa Erlendur avec impatience, interrompant la narration de Sigurdur Oli.

– Non, attends, cela te concerne directement, répondit Sigurdur Oli avec un sourire moqueur sur les lèvres. Bergthora voulait savoir si je t'avais bien invité à passer le réveillon chez nous. Je lui ai dit que je l'avais fait mais que tu ne m'avais toujours pas répondu.

– Je vais réveillonner chez moi avec Eva Lind, dit Erlendur. Voilà ma réponse. Maintenant, tu pourrais en venir au fait ?

– OK, répondit Sigurdur Oli.
– Et arrêter de dire OK.
– OK.

Islensk malnefnd est le nom de la commission linguistique officielle chargée de créer et de définir de nouveaux mots islandais, quand cela s'avère nécessaire. Fondamentalement, les Islandais utilisent relativement peu d'anglicismes ou d'emprunts à d'autres langues, même si Erlendur s'en préoccupe régulièrement. On entendra rarement des Islandais dire le mot « e-mail » ; ils lui préféreront le terme islandais *tölvupost*, littéralement « courrier de l'ordinateur » et parleront de *netfang* et non d'« Internet ».

AI Il y a environ 340 000 personnes qui parlent notre langue, il est donc capital de ne pas l'abandonner ou la laisser mourir. Les scientifiques disent que, dans une centaine d'années, la langue islandaise telle que nous la connaissons n'existera plus, qu'elle deviendra méconnaissable sous l'influence de l'anglais. La préservation de notre langue est chaque année plus difficile en raison de l'influence toujours plus forte des États-Unis : films, télé, langage informatique, jeux vidéo... Erlendur Sveinsson est très inquiet quant à la pérennité de l'islandais et à la manière dont les choses vont évoluer. Et c'est une crainte que je partage avec lui. ¶

Il existe une commission, le Mannanafnanefnd (« Comité des noms des gens ») qui établit la liste des prénoms autorisés. Quand des prénoms ne sont pas autorisés, les débats pour savoir si ceux-ci sonnent assez islandais sont fréquents. Parfois, le comité s'efforce simplement de protéger les enfants (et leurs parents). Ainsi le prénom Pinocchio, qui a effectivement été un jour déposé, n'est peut-être pas idéal pour accompagner un enfant tout au long de sa vie.

Filles et fils : la référence au patronyme

En Islande, le nom de famille a toujours été un patronyme. Il se compose du prénom du père, complété d'un « s » de possession (comme en anglais, « his father's car ») suivi de *-dóttir* (« fille ») pour les femmes ou *-son* (« fils ») pour les hommes.

Avant, ce système avait beaucoup d'importance. À la naissance d'un enfant, l'identité de sa mère était claire. Si un homme le reconnaissait en lui donnant son nom, cela voulait dire qu'il en prenait la responsabilité, financière également.

En Islande, on trouve aussi de vrais noms de famille. Ils viennent pour la plupart de vieilles familles danoises qui vivaient en Islande.

Il n'est pas rare lorsqu'on cherche un prénom pour son enfant de revenir à ceux de ses grands-parents ou arrière-grands-parents. Erlendur, par exemple, a reçu le prénom de son grand-père ; son père s'appelait Sveinn Erlendsson, ce qui veut dire que le prénom du père de Sveinn était Erlendur. Bergur a reçu le prénom du père de sa mère ; on peut le déduire du fait que la mère s'appelait Aslaug Bergsdottir.

L'annuaire téléphonique islandais : où l'on peut trouver (presque) tout le monde

Dans *La Rivière noire*, Nina, paniquée, appelle son père, après s'être réveillée dans la maison de Runolfur et l'avoir trouvé mort. Il essaye de la calmer et de comprendre où elle se trouve exactement. Il lui demande le nom de cet homme. Elle se souvient de son prénom, mais son père lui demande ensuite : « Tu connais le prénom de son père ? De qui est-il le fils ? »

Cette question peut sembler étrange aux yeux d'un non-Islandais. Mais avec le nom complet, le père de Nina peut rechercher l'adresse dans l'annuaire téléphonique et aller chercher sa fille. Les Islandais trouvent pratique de pouvoir saisir aussi des numéros de téléphone dans l'annuaire téléphonique pour retrouver une personne et son adresse. Ou saisir une adresse et voir ensuite qui y réside.

Comme tout le monde s'appelle par son prénom, il est tout à fait logique que les abonnés soient classés par leur prénom dans l'annuaire téléphonique.

Testicules de bélier et requin fermenté : la cuisine traditionnelle islandaise

Le peu de goût d'Erlendur pour les fast-foods et la cuisine moderne ne susciteront guère l'étonnement. Il est très attaché à la cuisine traditionnelle. En tant que célibataire sans grande ambition culinaire, il aime déguster des plats anciens que mangeaient déjà les Vikings.

Dans *Les Nuits de Reykjavik*, le jeune Erlendur, en service dans la police de la circulation, plaisante sur les fast-foods en compagnie de deux collègues :

Gardar se mit à parler de nourriture, comme c'était souvent le cas quand il avait faim.

– Tiens, par exemple, pourquoi est-ce qu'il n'y a pas de pizzeria à Reykjavik ? déclara-t-il, consterné.

Gardar pensait beaucoup à manger et commençait à souffrir d'embonpoint. Il rentrait de deux semaines de vacances aux États-Unis avec ses parents, et son amour de la restauration rapide s'en trouvait décuplé.

– Il n'y a vraiment aucun endroit en ville où on peut en trouver ? s'étonna Marteinn.

– Une pisséria ? renvoya Erlendur en écorchant le mot qui n'avait rien d'islandais. Tu parles de ces tartines à l'italienne ?

– À l'italienne… ? Enfin, franchement ! s'énerva Gardar. C'est tout juste si on peut trouver des hamburgers-frites dans cette ville. Il doit y avoir deux restaurants qui en proposent. Quel pays de ploucs !

– Il y avait bien il n'y a pas si longtemps le restoroute de Geithals, ouvert la nuit, fit remarquer Marteinn.

– Oui, ils vendaient de délicieuses joues de mouton grillées, ajouta Erlendur.

– Avec de la purée de rutabaga, précisa Marteinn.

– Eh voilà, qu'est-ce que je disais ? C'est ça, la restauration rapide à l'islandaise ? De la purée de rutabaga ! Et Geithals, c'est perdu en pleine cambrousse. Ce ne serait pas mal que les choses changent un peu à Reykjavik.

– Geithals me plaisait bien, glissa Erlendur avec un sourire narquois.

– Qui donc va acheter des joues de mouton grillées à un guichet ? rétorqua Gardar, agacé. Il manque de vrais restos à hamburgers et de vraies pizzerias dans cette ville. Un peu de culture, que diable ! Si j'avais du fric, j'ouvrirais une pizzeria sur-le-champ. Et je m'en mettrais plein les poches.

– Et tu vendrais des pissas ? reprit Erlendur. Je ne sais pas…

– Erlendur, on appelle ça des pizzas, essaie au moins de prononcer le mot correctement ! La restauration rapide présente tellement d'avantages, c'est bon, pratique et pas forcément cher. Plus besoin de cuisiner. Adieu l'aiglefin bouilli et les patates à l'eau. Et quand on veut manger ailleurs que chez soi, on n'est pas obligé d'aller dans un restaurant chic comme le Naustid ou ces endroits-là. Tu me suis ? Les Américains sont des as dans ce domaine. On t'apporte la pizza à domicile et tu n'as même plus besoin de te déplacer. Tu passes un coup de fil, tu commandes et tu n'as qu'à attendre tranquillement qu'on te livre.

Dans *La Rivière noire*, Elinborg, qui apprécie la bonne chère, aime cuisiner et tester de nouvelles recettes, se souvient en détail des repas de sa jeunesse. Le passage suivant montre clairement que c'est seulement au cours des dernières décennies que l'Islande a rejoint le niveau de vie moyen de l'Europe.

Le midi, sa mère cuisinait du poisson au court-bouillon, préparait des tartines beurrées, des boulettes de viande ou du rôti, parfois de la purée, mais il y avait toujours au menu des pommes de terre cuites à l'eau. À chaque jour de la semaine correspondait en général un plat pour le dîner. Le samedi, c'était la morue qu'elle mettait à dessaler dans une bassine de la buanderie, la même que celle dans laquelle son mari prenait ses bains de pieds. Aujourd'hui encore, Elinborg préférait s'abstenir de consommer ce plat. Le dimanche, il y avait de la viande grillée, du gigot ou du baron d'agneau accompagnés de sauce brune qu'elle concoctait à partir des sucs. Le steak se mangeait avec des pommes de terre caramélisées. Parfois, c'était des tranches de gigot ou du filet mignon. Du chou rouge cuit, vinaigré et sucré ainsi que des petits pois accompagnaient toutes les viandes grillées. Du petit salé avec des rutabagas bouillis ou bien de la saucisse de cheval à la sauce blanche sucrée pouvaient s'inviter au menu sans crier gare, mais cela ne se produisait que rarement. Le lundi soir, c'était poisson sans exception, sauf les rares fois où il y avait assez de restes du dimanche ; dans ce cas, il était au menu du mardi : il était souvent pané et passé à la poêle, accompagné de margarine fondue et de mayonnaise. Le mercredi était le jour du poisson faisandé, qui dans l'esprit d'Elinborg était particulièrement immangeable. Une bonne quantité de graisse de mouton fondue ne suffisait pas à atténuer l'odeur de ce mets délicat que sa mère faisait bouillir jusqu'à embuer l'ensemble des vitres de la maison au point de boucher la vue. Les œufs de poisson et le foie étaient également au menu du mercredi, cela améliorait quelque peu l'ordinaire. Certes, la membrane qui entourait ces œufs n'était pas des plus appétissantes et, pour ce qui était du foie de morue, Elinborg n'y touchait simplement pas. Le jeudi où elle goûta pour la première fois de sa vie des spaghettis bien loin d'être al dente resta gravé dans sa mémoire. Elle les trouva parfaitement insipides, même si leur goût s'était amélioré quand elle y avait ajouté un peu de sauce tomate. Le vendredi, on avait droit à des côtes de porc ou à des côtelettes d'agneau panées et baignant dans la margarine fondue, tout comme le poisson pané.

Ainsi s'écoulaient l'une après l'autre les semaines gastronomiques qui devinrent des mois, puis des années dans l'enfance d'Elinborg.

Ce serait exagéré de dire que la cuisine traditionnelle islandaise est délicieuse à s'en lécher les doigts. La situation et le climat de l'île y sont pour une bonne part. Il fait froid, et le sol lavique infertile, couvert d'aspérités, est rarement cultivé. Les exploitations agricoles se trouvent quasiment toutes le long des côtes. Mais souvent l'air et le sol sont trop concentrés en sel pour y faire pousser des cultures. En hiver, il fait noir et rien ne pousse. En été, il y a de la lumière jour et nuit mais les températures doivent atteindre plus de 12 °C pour que la plupart des cultures se développent.

Pour toutes ces raisons, le régime islandais ancestral se composait surtout de poisson, de viande de mouton, de pommes de terre, de skyr, de baies en été et en automne, et parfois d'une modeste ration de légumes. Jour après jour. Et comme il n'y en avait jamais trop, toutes les parties un tant soit peu comestibles d'un animal étaient mangées. En été, c'était une chose, mais quand l'hiver arrivait, la nourriture était très pauvre. Il n'y avait plus de légumes frais, et la viande des carcasses d'agneaux de l'année précédente se faisait de plus en plus vieille.

Pourtant, il y avait bien une solution. Durant les longs mois d'hiver, les Islandais avaient différentes méthodes de conservation : mise en terre, conservation en milieu acide, mélange avec du lait (aigre), fumage et séchage.

Les requins étaient placés en terre quelques semaines avant d'être mangés. Le processus de fermentation – ou disons plutôt de décomposition – qui se produisait sous terre était indispensable, les requins sécrétant de l'urine par la peau. De nos jours, le requin, coupé en petits morceaux carrés, est présenté dans des barquettes en plastique. Ces barquettes sont refermables car le poisson fermenté dégage une odeur assez forte. À la première bouchée, on peut apprécier la consistance bien ferme, et on a l'impression que le poisson a un goût de fromage fort. Mais au moment même où l'on se demande pourquoi on en fait toute une histoire, on comprend. La sensation gustative devient soudainement très intense, et tout le monde ne le supporte pas forcément bien. Mais avouons-le, il existe encore des Islandais qui ne jurent que par un bon morceau de requin fermenté. C'est pour eux un délice. Ils ont même l'habitude de l'accompagner d'un bon coup de Brennivin, le schnaps islandais.

Beaucoup de produits à base de viande, comme les testicules de bélier, sont marinés dans du lait aigre. Ils restent ainsi comestibles. Certains diront peut-être que d'un point de vue sanitaire cela ne devrait pas susciter d'objection. Savoir si l'on a envie d'en manger est une tout autre question. Les Islandais ne pouvaient pas se permettre de telles considérations. Chaque hiver représentait un combat à mener pour la survie.

Le boudin était plongé dans du lait aigre, l'agneau était fumé, tout comme le poisson, qui pouvait aussi être séché. Le poisson séché est d'ailleurs toujours un mets apprécié ; avec un peu de beurre, il constitue un en-cas délicieux et riche en protéines.

Pour Erlendur, en ce qui concerne la nourriture aussi, le temps semble s'être arrêté. Dans *Hypothermie*, quand Valgerdur passe chez lui, il est sur le point de se mettre à table :

> – Tu ne me donnes plus aucune nouvelle, reprocha-t-elle tout en se servant un bol de gruau. Erlendur lui coupa un morceau de cette saucisse au foie pas assez surette à son goût. Il avait pourtant exigé qu'elle soit directement sortie de la saumure lorsqu'il l'avait achetée au comptoir du magasin. Le jeune homme qui l'avait servi s'était exécuté avec une mine dégoûtée qui indiquait clairement qu'il n'avait aucun plaisir à plonger sa main dans ce liquide.

Erlendur en avait profité pour prendre du macareux, des paupiettes et un peu de pâté de tête qu'il conservait dans du petit-lait sur son balcon.

– J'ai été très occupé, répondit-il.

Thorrablot : ce qu'il restait à manger en hiver

Le poisson et la viande fumés et séchés sont encore très populaires actuellement, mais les Islandais ne mangent bien sûr plus cette nourriture de pauvres au goût uniformément aigrelet, et sur laquelle on n'oserait plus indiquer aucune date de péremption. C'est ce qu'on pourrait penser. À la fin du XIXe siècle, le nationalisme commença à jouer un rôle très important et l'Islande chrétienne s'est subitement souvenue de ses origines païennes. Et c'est ce qui, historiquement, a fait des Islandais ce qu'ils sont.

Les Vikings, qui vénéraient les anciens dieux, avaient une autre façon de compter les mois. Fin janvier commençait le mois Thorri, appelé ainsi en hommage au dieu Thor. À cette période, il fallait véritablement lutter pour survivre. La fin de l'hiver était encore loin et les provisions diminuaient. Mais quand on avait survécu à Thorri et au mois suivant, Goa, on était presque certain de s'en sortir. C'est pourquoi on organisait une fête du nom de Thorrablot. Cette *blot* (fête d'offrande) est encore célébrée aujourd'hui par les Asatru, la communauté religieuse qui honore les anciens dieux nordiques. Lors d'une *blot*, la nourriture est consacrée aux dieux et ensuite partagée par les membres de la communauté. Actuellement, il y a chaque année un nombre incalculable de Thorrablots organisées à travers le pays, avant tout pour maintenir les anciennes traditions et se souvenir à quel point la vie des aïeux était difficile et la terre infertile.

À l'occasion d'une Thorrablot, il y a toujours des têtes de mouton grillées (*svid*), avec les yeux et les oreilles naturellement, des testicules de bélier marinées (*hrutspungur*), du fromage de tête, aussi appelé aspic (*svidasulta*), du poisson séché (*hardfiskur*), de la graisse de porc (*lundabaggi*), du boudin (mariné dans du lait aigre) (*blodmör*), de l'agneau fumé (*hangikjöt*) et du requin fermenté (*hakarl*). En accompagnement, on sert du pain de seigle sucré (*rugbraud*) et une sorte de galette (*flatkökur*). Et enfin, bien entendu, le Brennivin, le schnaps qui remet d'aplomb la gorge, l'estomac et l'intestin.

Le Brennivin aidant, ces fêtes sont célébrées dans l'exubérance. On y récite des poèmes et on y chante bruyamment.

La Thorrablot est fêtée seulement en janvier et en février. Des demi-têtes de mouton et parfois des moutons entiers, coupés à la machine en petits morceaux et emballés dans un grand sac en plastique transparent, sont toutefois disponibles tout au long de l'année dans tous les supermarchés.

L'odeur âcre annonciatrice des fêtes

Le plat islandais le plus étonnant est peut-être la raie fermentée (*kaest skata*). Elle n'est toutefois mangée qu'un seul jour par an, à Thorlaksmessan, l'avant-veille de Noël. Les raies aussi, comme les requins, sécrètent de l'urine par la peau. C'est pourquoi il faut faire fermenter une raie pendant quatre semaines avant de pouvoir la manger. Ce traitement a pour effet de répandre une odeur très forte. Si l'on se promène dans la ville le 23 décembre, on sent cette odeur un peu partout. La puanteur est telle que beaucoup, même si c'est le plein hiver, préfèrent préparer leur *kaest skata* à l'extérieur, afin que leur logement n'en soit pas complètement imprégné.

Comme je l'ai dit, ce plat est servi uniquement l'avant-veille de Noël, sauf si l'on va dans un restaurant comme le Skulakaffi, fréquenté régulièrement par Erlendur.

Après leur entrevue avec Vernhardur, Erlendur et Marion se rendirent en voiture jusqu'à Reykjavik et s'installèrent au Skulakaffi. L'heure du dîner approchait. Le Skulakaffi proposait des plats typiquement islandais, comme le petit salé et l'aiglefin bouilli, à des prix raisonnables. L'établissement était fréquenté par des ouvriers et des chauffeurs routiers qui pouvaient se restaurer rapidement, puis avaler un café accompagné d'une *kleina* à la fin du repas. Bien qu'il eût été exagéré de dire qu'avec son lino élimé et son atmosphère de cantine désuète, le Skulakaffi était un haut lieu de la culture, il fallait reconnaître que peu d'établissements de Reykjavik pouvaient s'enorgueillir d'une clientèle aussi fidèle et satisfaite.

Erlendur et Marion s'installèrent à une table isolée. Le plat du jour était de la raie faisandée à la graisse de mouton fondue. Marion craignait que l'odeur du poisson, un mélange de moisissure et d'urine, n'imprègne ses vêtements. Erlendur ne s'en souciait guère et demanda à ce qu'on lui serve une bonne portion de raie bien aspergée de graisse, accompagnée d'une tranche de pain complet beurrée. Il dévora son repas, mort de faim après cette journée, ne prononçant que quelques mots entre deux bouchées.

Avec son élégance habituelle, Marion mangeait bien plus lentement le bœuf haché en sauce brune, accompagné de pommes de terre et de confiture de groseille, en se disant qu'il lui faudrait sans doute aérer ses vêtements sur son balcon pour en éliminer l'odeur de raie faisandée.

SKULAKAFFI

Ce café-restaurant s'appelle en réalité Mulakaffi ; il est très fréquenté, notamment par des chauffeurs routiers et des policiers. Il existe depuis plus de cinquante ans et se situe au 1 Hallarmuli, au coin avec Armuli. Erlendur aussi s'y rend volontiers. C'est d'ailleurs là qu'il donne rendez-vous à son ex-femme Halldora, à la demande de leur fille Eva Lind.

Lysi : l'huile de foie de morue

Beaucoup d'Islandais, petits et grands, boivent de l'huile de foie de morue (*lysi*) tout au long de l'année. Certains consomment ce remède aussi sous forme de cachets. Cette huile est bonne pour la santé, surtout durant les mois d'hiver, quand le soleil ne brille pas, provoquant ainsi un déficit en vitamine D (une vitamine que le corps ne peut pas produire sans la lumière du soleil). De plus, l'huile de poisson contient également beaucoup de très bons acides gras oméga-3. On trouve donc au buffet du petit-déjeuner de beaucoup d'hôtels une bouteille d'huile de foie de morue, accompagnée de petits verres ou de petites tasses en plastique pour se préparer un « shot » très sain pour démarrer la journée.

Skyr : la source d'énergie blanche

C'est peut-être le seul produit de la cuisine islandaise à avoir été adopté dans le reste du monde, assez récemment. Il est blanc, froid et frais : c'est le Skyr. Déjà consommé par les premiers Vikings venus de Norvège, ce produit laitier est fabriqué avec du lait très écrémé. Il est donc moins calorique et sa teneur en graisses est très faible, mais il est riche en protéines et en calcium. Au niveau des nutriments, le Skyr est à peu près équivalent au yaourt ou au quark, et son goût est un peu plus aigre. Un véritable « powerfood » !

Pourquoi marcher quand on peut rouler ?

Les Islandais font pratiquement tout en voiture, qu'il s'agisse de faire des courses, ou d'aller à la salle de sport. Ils font même du lèche-vitrines sans sortir une seule fois de leur véhicule sur la Laugavegur, ou admirent les voitures, nouvelles ou d'occasion, dans les concessions automobiles – qui disposent donc leurs voitures de telle sorte qu'il soit possible d'en faire facilement le tour et de voir tous les véhicules en vente. Si l'on attend quelqu'un en voiture, même si cela dure un quart d'heure, on laisse le moteur allumé. On peut le comprendre en hiver, quand le chauffage n'est pas un luxe superflu, mais ce comportement reste identique en été. Et comme les Islandais font leurs courses dans plusieurs magasins, excepté en ville où les places de parking se font rares, ils reprennent leur voiture pour aller d'un endroit à l'autre et la garent juste un petit peu plus loin, même s'ils n'ont qu'une petite centaine de mètres à faire.

Le stationnement est un art particulier, et il semblerait que cet art soit mal enseigné dans les auto-écoles islandaises. Souvent, les véhicules sont non seulement garés dans n'importe quel sens, mais aussi à moitié sur le trottoir et à moitié sur la chaussée. L'idée que cela puisse gêner quelqu'un est tout simplement inexistante.

Erlendur semble ne pas constituer une exception pour ce qui est de la paresse de marcher :

> Thordur habitait chez son fils et sa bru, à deux minutes à pied de la maison d'Asta. Erlendur s'y rendit toutefois en voiture.

La station-essence : le cœur battant du village

En Islande, dès qu'on quitte la région métropolitaine, et par conséquent qu'on s'éloigne de Reykjavik, on entre dans un monde plutôt inhabité. Excepté quelques petites villes de banlieue, les lotissements comptent souvent moins d'une centaine d'habitants, quelques centaines tout au plus. Dans ces villages, les enfants peuvent fréquenter l'école primaire, mais ensuite ils sont obligés de partir dans des localités plus grandes ou d'aller à l'internat. Ils doivent donc soit vivre chez d'autres membres de la famille, soit parcourir de longues distances chaque jour. Bien que pratiquement chaque village possède sa propre piscine (sauf dans les rares localités où aucune source de chaleur géothermique ne vient du sol), il n'y a souvent aucun commerce. La plupart du temps, il y a bien un garage, car sans voiture on ne peut se rendre nulle part.

Souvent, c'est donc la station-essence qui constitue le cœur battant du village : un peu pompe à essence, c'est aussi l'arrêt du bus régional (qui passe peut-être une fois par jour) et surtout le seul magasin du village. On y trouve les biens de première nécessité, des choses utiles pour la maison, de la laine pour tricoter et des vêtements (pour l'extérieur). À côté de cela, la pompe à essence sert aussi souvent de restaurant (fast-food) et parfois d'office du tourisme local. S'il n'y a pas de piscine dans le village, c'est l'endroit où l'on peut entendre les nouvelles locales. Chose impensable dans d'autres pays, la station-essence est précisément le seul endroit où l'on peut acheter de l'alcool. Une partie de la pompe à essence fait donc office de *Vinbudin*, magasin d'État, seul commerce où il est possible d'acheter de l'alcool. Pour éviter tout malentendu : il existe une raison purement pratique à cet état des choses, et le but n'est pas d'inciter à conduire sous l'emprise de l'alcool.

Souvent, la nourriture dans ces stations-essence-magasins-restaurants est surtout de type « fast food » et réchauffée au micro-ondes. Parfois, on peut avoir de bonnes surprises : le ragoût y est généralement bon.

Dans *La Rivière noire*, Elinborg a de la chance :

> Le poisson n'était pas mauvais et le pain bien frais qui l'accompagnait vraiment exceptionnel.

Elle vient tout juste d'arriver dans le petit village où vit la mère de Runolfur, le violeur qui a été tué. Lui-même a grandi là. Hélas, Arnaldur Indridason nous laisse dans l'ignorance quant au nom de l'endroit. Il n'indique pas non plus quelle était la destination du vol intérieur d'Elinborg, partie de Reykjavik, ni dans quel village on peut manger ce si bon poisson.

Dans *Étranges rivages* aussi, Erlendur fait halte à la station-essence d'un village. Il y prend son petit-déjeuner et achète du café pour son thermos, des gâteaux secs et des cigarettes.

Une station-essence est un bon endroit pour obtenir des renseignements. C'est pourquoi Erlendur, dans *Étranges rivages*, demande où habite le pasteur, chez qui il se rend. Comme l'homme en question semble ne pas être chez lui, Erlendur retourne à la pompe à essence pour appeler les archives, où il veut consulter les pièces nécessaires à son enquête.

Huldufolk : les autres habitants de l'île

Il fait partie intégrante de l'histoire, des traditions et du quotidien islandais : l'*huldufolk*, le peuple secret. Sous cette appellation générique, on regroupe toutes les créatures venant d'autres dimensions. Les deux catégories les plus connues sont les elfes et les trolls.

Même si Erlendur n'a jamais marqué d'intérêt pour le surnaturel, il a parfois l'impression qu'il faut composer avec cette dimension-là. Dans *Hypothermie*, une fille attend le feu vert de sa mère décédée : le volume d'*À la recherche du temps perdu* de Marcel Proust devra tomber de la bibliothèque, ouvert à une page précise. Cela se produit effectivement, mais ce n'était qu'un coup monté.

Dans *La Rivière noire*, on raconte le vieux conte populaire du sacristain de Myrka, et *Étranges rivages* fait de l'angoisse d'être enterré vivant une atroce réalité, exactement comme dans le récit d'Edgar Allan Poe « L'inhumation prématurée ».

Dans *Étranges rivages*, un phénomène anormal survient. Comme Erlendur se trouve dans la neige sur le Hardskafi et que l'hypothermie prend lentement possession de lui, son esprit s'emplit d'impressions étranges. Sa résistance mentale, son entêtement doivent céder face à une réalité différente. Il découvre soudain une dimension inconnue, se souvient d'épisodes de son enfance et parvient finalement à lâcher prise – et à faire la paix avec son frère.

Beaucoup d'Islandais ne mettent absolument pas en doute l'existence de l'*huldufolk*. Pas même des individus très rationnels, comme des directeurs de banque.

– Vous croyez aux fantômes ? C'est généralement le cas des gens de l'Öraefi, non ?

– Un peu, oui ! Mon père pourrait vous raconter des tas d'histoires. Il dit qu'ils sont tellement présents dans le monde qu'ils devraient payer l'impôt sur le revenu.

Ce fut au tour d'Erlendur de sourire.

– Vous enquêtez sur les fantômes ? interrogea le directeur.

– C'est bien possible.

– Des fantômes qui sont clients chez nous ?

Myrka : dans les méandres d'une fable

Le roman *La Rivière noire* est intitulé « Myrka » dans la version islandaise. Et ce n'est pas pour rien. *La Rivière noire* parle d'une affaire de viol, de la violence que des hommes peuvent exercer sur des femmes, du pouvoir que des hommes pensent parfois pouvoir imposer aux femmes.

Myrka signifie « rivière noire », mais c'est aussi une référence, à ne pas rater pour les Islandais, à la fable *Djakninn a Myrka*, c'est-à-dire « Le sacristain de Myrka ». En Islande, tous les enfants connaissent cette histoire, qui se déroule dans une vallée isolée, entourée de hautes montagnes, là où se trouvait auparavant une ferme-église du nom de Myrka. Voici ce vieux conte islandais, très probablement traduit pour la première fois en français.

Il y avait un sacristain à Myrka, dont la bien-aimée se prénommait Gudrun et travaillait chez le pasteur à Baegisa. Pendant la période de l'Avent, le sacristain se rendit à Baegisa pour inviter Gudrun à la fête de Noël de Myrka. Il possédait un cheval à la crinière grise, qu'il avait appelé Faxi. Il fut convenu qu'il irait chercher Gudrun le soir de Noël. Avant que le sacristain ne vienne pour inviter Gudrun, il avait beaucoup neigé et les lacs et les rivières étaient recouverts de glace. Tandis que le sacristain parcourait la route de retour vers Baegisa, il y eut un dégel très fort. La rivière Hörsga se transforma en un courant tumultueux dans lequel dérivaient de gros blocs de glace. Le soir, il put traverser la rivière Öxnadalsa grâce à un pont de neige. Mais quand il arriva à la rivière Hörgsa, il apparut que le passage qu'il avait emprunté à l'aller avait été détruit. En remontant un peu la rivière, il trouva un petit pont de glace toujours utilisable. Il monta dessus mais au milieu la glace se brisa, et il tomba dans la rivière.

Le matin suivant, un fermier des environs vit un cheval portant une bride en contrebas de la rivière. Il crut reconnaître Faxi, le cheval du sacristain. Il prit peur, car il avait vu l'homme passer la rivière la veille, mais ne l'avait pas vu revenir. Comme il s'approchait du cheval, Faxi lui sembla blessé et complètement trempé. Un peu en amont, il retrouva le sacristain mort sur une étroite bande de terre. L'arrière de son crâne présentait des blessures, probablement causées par les morceaux de glace flottants. Le fermier se précipita à Myrka et raconta ce qui s'était passé. Le corps du sacristain fut amené au village et enterré la semaine précédant Noël.

En raison de la fonte des neiges et de la crue des rivières, personne à Baegisa n'avait été informé de cet événement. Le soir de Noël, le beau temps était finalement revenu et les inondations étaient terminées ; Gudrun avait hâte de se rendre à la fête de Noël de Myrka. À la nuit tombée, elle se prépara et elle était presque prête quand on frappa à la porte. La femme qui l'aidait à s'habiller alla voir qui avait frappé mais ne vit personne. Quand elle revint et déclara n'avoir vu personne, Gudrun répliqua : « C'est peut-être un jeu ? Je vais bientôt sortir de toute façon. » Elle était presque prête mais n'avait pas encore enfilé son manteau. Elle entra son bras dans une manche et jeta son manteau sur les épaules. Dehors, elle vit Faxi, avec à ses côtés un homme qu'elle pensa être le sacristain. Il l'aida à monter sur le cheval, l'enfourcha à son tour et s'assit devant elle. Ils avancèrent ainsi un petit temps sans parler.

Près de la rivière Hörgsa, il y avait de hautes crêtes de glace et, quand le cheval sauta, le chapeau du sacristain glissa. Comme la lune à ce moment-là apparut à travers les nuages, Gudrun aperçut le crâne du mort. Ainsi parla le sacristain :

« La lune tremble, la mort rassemble,
Ne vois-tu pas, Garun, Garun,
Le blanc couteau dans mon cou ? »

Elle était terrorisée. Ils avancèrent sans mot dire jusqu'à Myrka. Ils s'arrêtèrent devant la grille du cimetière. Le sacristain reprit :

« Attends ici, Garun, Garun,
Que je conduise, conduise,
Faxi au pré, au pré,
Dans sa clôture, clôture. »

Quand il éloigna le cheval, Gudrun regarda le cimetière et vit une tombe ouverte. Accablée par la peur, elle saisit la corde de la cloche qui pendait à la porte du cimetière et la fit sonner. Au même moment, elle fut attrapée par-derrière. Heureusement elle avait jeté son manteau sur ses épaules, car on tira si fort dessus que la couture de sa manche se déchira. La dernière fois qu'elle vit le sacristain, il s'écroula dans la tombe ouverte, avant que la terre de part et d'autre de la tombe ne le recouvre. Gudrun fit sonner la cloche sans relâche, jusqu'à ce que les habitants de la ferme arrivent en courant et la ramènent chez eux. Elle était complètement bouleversée : elle était persuadée d'avoir vu un fantôme, bien qu'elle ne sache rien de la mort du sacristain. Les habitants de Myrka lui expliquèrent ce qui s'était passé, et elle leur raconta son voyage.

Quand chacun s'en alla dormir et que les lumières se furent éteintes, le sacristain vint tourmenter Gudrun. Le fantôme criait si fort que les habitants de la ferme ne parvenaient pas à trouver le sommeil. Quinze jours plus tard, Gudrun avait toujours besoin que quelqu'un la veille pendant la nuit. Même le pasteur venait parfois ; il s'asseyait près d'elle et lui lisait les psaumes. Finalement, on fit venir un homme de Skagafjördur qui s'y connaissait en exorcisme. Il réussit, avec force incantations, à reconduire le spectre dans sa sépulture. Pour finir, il roula une grosse pierre sur la tombe ; c'est là que repose le sacristain jusqu'à aujourd'hui. Le fantôme cessa de persécuter Gudrun. Elle rentra à Baegisa peu de temps après, mais on raconte que sa vie tout entière fut marquée par ces événements.

C'est dans les fables islandaises un trait caractéristique du diable de répéter les mots. Si l'esprit du sacristain donne le nom de Garun à Gudrun, c'est parce que *Gud* en islandais signifie Dieu ; le diable ne peut pas prononcer ce mot-là.

Contre le vent et les intempéries : maisons en bois et plaques de tôle ondulée

Dans les quartiers les plus anciens de Reykjavik, on en trouve encore beaucoup, mais ailleurs en Islande également : ce sont les maisons en bois. Au début, cela peut paraître surprenant : l'Islande est une région très volcanique et enregistre environ 20 000 tremblements de terre par an. Le bois n'est à première vue pas le matériau le plus résistant pour affronter un tel environnement. En outre, il semble n'y avoir aucune forêt pour couper du bois et construire les maisons. Et il paraît beaucoup plus facile de chauffer une maison en pierre.

Avant la Seconde Guerre mondiale, l'Islande était vraiment à la traîne par rapport au reste de l'Europe. Le Danemark a imposé pendant des siècles son monopole commercial et a maintenu de cette manière les habitants de l'île, qui vivaient loin du monde habité, dans la pauvreté et la dépendance. Cela a duré jusqu'au XVe siècle, quand on a remplacé les huttes avec une cheminée au milieu par de véritables bâtiments. Jusqu'à la Seconde Guerre mondiale, les gens vivaient souvent dans des maisons en terre, avec de l'herbe sur le toit et une épaisse couche de pierre sur les côtés.

Le premier bâtiment en pierre d'Islande date de 1755 seulement ; Skuli Magnusson installa son bureau à Videy, une petite île proche de Reykjavik. Aujourd'hui, ce bâtiment est devenu un café-restaurant. Visiter l'île en été constitue une excursion très appréciée des habitants de Reykjavik. La traversée dure seulement cinq petites minutes.

L'église de Videy est d'ailleurs la deuxième plus vieille église d'Islande. Elle a été inaugurée en 1774.

Skuli Magnusson (1711-1794) a été l'un des premiers gouverneurs de l'île. Il a créé plusieurs entreprises (spécialisées dans les secteurs du textile et de la laine) dans le hameau de Reykjavik. Cela se faisait contre la volonté du pouvoir colonial danois, mais Skuli persévéra. C'est ce qui a permis l'agrandissement de Reykjavik devenue ainsi un village. C'est pourquoi on appelle aussi Skuli « le père de Reykjavik », et pour lui rendre hommage une grande statue a été érigée à sa mémoire.

Ces premières entreprises étaient établies au lieu même où se trouvait la première ferme de la région. La seule maison qui existe encore se trouve juste à côté de la plus ancienne maison du centre-ville de Reykjavik. À voir au numéro 10 Adalstraeti.

Ce n'est qu'au début du XIXe siècle que le bois a été utilisé pour les habitations. Cela coûtait cher, car il fallait l'importer. À partir de 1874, des plaques de tôle ondulée ont donc été placées sur les murs extérieurs et les toits. Cette solution était très pratique, car elle renforçait la résistance des bâtiments face aux intempéries.

Beaucoup de maisons furent ravagées par des incendies. C'est en 1920 seulement que l'on trouva une solution pour les rendre plus résistantes au feu :

on commença à travailler le béton et on testa d'autres matériaux. Après la Seconde Guerre mondiale, la mode de colorer les façades des maisons s'installa, surtout dans le centre de Reykjavik, où elle s'exhibe fièrement encore aujourd'hui. Il n'existe pas de loi ou de règlement prescrivant les couleurs à utiliser selon les quartiers. Chaque propriétaire est totalement libre de choisir la couleur qui lui plaît.

Autrefois, l'Islande était une île totalement recouverte de forêts. L'activité humaine et les explosions volcaniques les ont presque entièrement supprimées. Les habitants utilisaient le bois surtout pour construire des bateaux et chauffer leurs logements, ce qui n'était pas du luxe pour un peuple de pêcheurs, quand on connaît les températures sur l'Atlantique Nord. Bref, en raison du climat froid, des tempêtes régulières et de l'air salé dans la zone côtière, les arbres poussent difficilement. À ce propos, les guides touristiques ne manquent jamais de raconter la blague suivante : « Que fais-tu quand tu te perds dans une forêt islandaise ? Tu te lèves. » Les bouleaux, l'essence la plus fréquente, ressemblent davantage à de petites arbustes qu'à de vrais arbres.

La première maison à deux étages a été construite en 1832 par le riche entrepreneur norvégien travaillant dans le secteur de la pêche, Arni O. Thorlacius (1802-1891). Elle a d'abord été complètement assemblée en Norvège, puis démontée et transportée par navire en Islande, pour finalement être reconstruite à Stykkisholmur, dans l'ouest du pays. Elle était à l'époque la deuxième plus grande maison de l'île, et cela n'a pas changé. Au cœur du village de Stykkisholmur, la Norska husid abrite aujourd'hui un musée qui a conservé une bonne partie du mobilier d'origine.

Aujourd'hui encore, le bois destiné aux habitations doit être importé de l'étranger par bateau, comme ce fut le cas pour la maison de Thorlacius.

Toutes les maisons en Islande doivent répondre à des normes de construction strictes qui permettent de garantir leur résistance en cas de tremblements de terre. Les fondations sont donc toujours très solides. Les maisons en bois également sont bâties sur des fondations en béton et en pierre.

Quand les maisons sont en bois, celui-ci n'est presque pas visible de l'extérieur. Les murs extérieurs sont en effet protégés par des plaques de tôle ondulée. Entre ces plaques et le bois, on pose un matériau de remblayage isolant. L'intérieur de ces maisons, par contre, est complètement tapissé de bois, sur les sols comme sur les murs. Le plafond, pour sa part, est généralement plâtré.

Une maison en bois vit beaucoup plus qu'une maison en béton. Elle grince quand la tempête souffle, et elle est parcourue de courants d'air. On se rend bien plus compte du temps qu'il fait dehors dans une maison en bois. C'est peut-être pour cela que l'air y circule beaucoup mieux. Ce type de maison reste mal insonorisé, et on ne peut pas y faire grand-chose.

Hagkaup : la mode du supermarché

Il y avait un fauteuil à côté du petit bureau dans la chambre mais Erlendur vint s'asseoir sur le bord du lit à côté de Simon. Sur le bureau, quelques photos. Erlendur reconnut Mikkelina sur l'une d'entre elles et, voyant un autre cliché représentant une femme d'âge mûr, il imagina qu'il s'agissait de leur mère. Il étendit le bras pour prendre la photo. La femme était assise sur une chaise devant une table de cuisine, elle portait le genre de vêtements qu'on appelait salopettes de Hagkaup autrefois, se souvint Erlendur, parce qu'on les trouvait dans cette chaîne de supermarché, c'était une fine salopette de nylon avec un motif bariolé, elle souriait devant l'objectif, avec un petit sourire indéchiffrable. Simon était assis à côté d'elle et riait aux éclats.

Ce texte évoque les « salopettes de Hagkaup » ; Hagkaup est une chaîne de supermarchés, possédant aussi quelques boutiques, où l'on peut notamment acheter des appareils électriques et électroniques, des ustensiles de cuisine, des jouets et des vêtements. Ces derniers sont relativement bons marché, mais généralement de qualité discutable. Les gens qui portent cette marque sont étiquetés comme faisant partie d'une certaine classe sociale.

Les produits vendus dans les supermarchés de la chaîne Hagkaup sont en revanche de meilleure qualité, mais également un peu plus chers.

PROHIBITION

En 1908, il a été décidé, à la suite d'un référendum, d'interdire totalement l'alcool dans le pays (60,1 % des votes étaient pour, seuls les hommes disposaient du droit de vote à l'époque). Il fallut attendre 1915 pour que la loi entre en vigueur. En 1922, le vin put à nouveau être importé et, dès 1934, l'interdiction ne concerna plus que les bières à plus de 2,25 % d'alcool. Le 1er mars 1989, soixante-quatorze ans plus tard, cette interdiction fut levée également. Depuis lors, on fête ce jour-là le Bjordagurinn, le jour de la bière.

Les Alcooliques anonymes : une association populaire

L'Islande compte le plus grand nombre d'Alcooliques anonymes au monde, proportionnellement au nombre d'habitants. Les gens sont généralement très ouverts sur le sujet : dans une si petite société, il est probablement difficile de garder un secret. Le membre des AA ayant connu la plus longue abstinence a poussé la porte de l'association en 1981.

Dans *La Rivière noire*, Loa fait allusion à son appartenance aux AA. Elinborg, en train de l'interroger, comprend tout de suite le message. Apparemment, l'abstinence de Loa lui a sauvé la vie : la drogue du viol, le Rohypnol, ne fonctionne pas bien si elle n'est pas consommée avec une boisson alcoolisée (voir aussi pp. 128-129).

– Il vous a offert un verre ?
– Oui.
– Vous l'avez accepté ?
– Non. Enfin, si, mais je ne voulais pas d'alcool.
– D'accord. Et que… ?

Elinborg ne voulait pas se montrer trop pressante, mais cela lui était difficile.

– Je ne bois plus, précisa Loa. Je n'ai pas le droit. Pas même une goutte.

– Je comprends.

Le fils d'Erlendur, Sindri Snaer, est aussi membre de l'association.

– Je me suis dit que je pouvais bien te rendre une petite visite en allant à ma réunion, annonça-t-il.

– Entre donc, répondit Erlendur. Quelle réunion ?

– Les Alcooliques anonymes, leur bureau se trouve ici, dans Hverfisgata.

La maladie d'Akureyri

Outre le mot *geysir* (« geyser », en français), l'Islande a apporté au vocabulaire international le nom d'une pathologie, mondialement connue comme « maladie d'Akureyri ». Dans la littérature médicale, c'est sous cette dénomination que ce syndrome de fatigue chronique a été décrit pour la première fois. Même si, au départ, personne n'était conscient du fait que cette maladie serait finalement largement répandue sous ce nom.

Dans *La Rivière noire*, Elinborg consulte l'orthopédiste Hildigunnur après la déclaration de Petrina disant avoir vu, la nuit de l'assassinat, un homme courir avec « une antenne » à la jambe. Le médecin lui demande l'âge de cet homme et lui parle de la maladie d'Akureyri.

– La dernière épidémie de poliomyélite remonte à 1955. On a commencé à vacciner en 1956, ce qui l'a éradiquée.

– Cet homme aurait donc plus de cinquante ans si son infirmité est liée à ce genre de pathologie ?

– En effet, mais on peut également penser à ce qu'on a baptisé du nom de maladie d'Akureyri.

– Maladie d'Akureyri, dites-vous ?

– C'était une infection qui présentait un certain nombre de symptômes communs avec la poliomyélite dont on la considérait proche. Le premier cas a été signalé en 1948 dans les environs d'Akureyri. Si je me souviens bien, sept pour cent de la population de la ville l'a contractée et elle a beaucoup touché le lycée local, notamment l'internat. Mais je ne crois pas qu'elle ait causé d'infirmités durables. Enfin, je peux me tromper.

Il y a eu effectivement des phénomènes de paralysie et d'épuisement qui prirent les dimensions de véritables épidémies. Comme il y a déjà eu un livre sur ces maladies, mieux vaut suivre les faits chronologiquement.

La première épidémie de poliomyélite en Islande s'est propagée de 1904 à 1905 ; étonnamment, dans les quatre épidémies qui ont suivi, Akureyri fut la plus touchée.

L'épidémie de 1948 à 1949 se déroula autrement que prévu ; plus de femmes furent affectées par la maladie, relativement peu d'enfants de moins de 14 ans et les malades ne souffraient pas tous de paralysie.

Durant la dernière grande épidémie de 1955 et 1956, Hildigunnur fait référence à cette épidémie, la maladie se diffusa à Akureyri et ses alentours tout autrement que dans le reste du pays. Il n'y avait pas de symptômes paralytiques.

Sept ans plus tard, beaucoup de gens qui avaient été contaminés par la maladie souffraient encore de fortes douleurs musculaires et d'une inflammation présumée du tissu nerveux. En fait, cela ne ressemblait pas à la poliomyélite, mais à ce qu'on appelle aujourd'hui « syndrome de fatigue chronique ».

Quotas de pêche : une réforme en mer

Dans *Hypothermie*, Erlendur réfléchit au destin d'une famille qui, en vertu de la nouvelle législation, a perdu sa maison et est dès lors contrainte de déménager dans une grande ville pour trouver du travail.

> Il avait découvert que la victime était originaire de province et qu'elle habitait dans la capitale depuis un peu plus

de sept ans. C'étaient des licenciements dans l'industrie de la pêche qui l'avaient conduite à quitter le port d'où elle venait pour déménager à Reykjavik avec son mari et leurs deux filles. Un chalutier avait été vendu et avait quitté le village, et la crevette se faisait rare. Peut-être était-ce à ce moment-là qu'elle avait débuté son ultime voyage. Ils s'étaient installés en banlieue. Elle aurait souhaité être plus proche du centre-ville, mais un appartement de taille comparable y était nettement plus cher. C'était là le deuxième jalon de son parcours.

La raison du drame est à rechercher dans une loi qui eut une influence majeure sur tout le pays dans les années 70 et 80. Au début des années 70, il était clair que la mer entourant l'Islande était surexploitée et que des mesures drastiques étaient nécessaires pour remettre de l'ordre dans les ressources halieutiques. Déjà à l'époque des premiers colons, le poisson était la plus importante source de revenus nationale (c'est seulement en 2016 que le secteur de la pêche a été dépassé par l'industrie du tourisme). Il était, pour le peuple islandais, d'une importance capitale qu'un bon équilibre soit trouvé. On fixa des quotas pour la pêche. Finalement, le système choisi fut le suivant : un quota spécifique fut instauré pour chaque bateau. Ce quota était permanent et pouvait être transféré selon les lieux et les propriétaires. Ceci eut pour conséquence que certains pêcheurs vendirent le quota de leur bateau à d'autres pêcheurs. Il y en avait qui gagnaient tellement d'argent qu'ils n'eurent plus du tout besoin de travailler et quittèrent l'Islande pour le soleil de l'Espagne. D'autres, qui avaient assez d'argent pour racheter beaucoup de quotas, se retrouvèrent en peu de temps patrons de très grandes sociétés. Parfois, ils transféraient aussi les bateaux de leur lieu d'origine à leur propre lieu d'affectation.

Les perturbations dans le pays étaient importantes, l'équilibre social dans les villages de pêcheurs s'en trouvait bouleversé. Les lieux d'où les navires avec quota étaient partis restaient vides, certains furent même abandonnés. Les gens furent contraints de déménager, de circuler avec leurs bateaux ou de partir à la recherche d'un autre travail, ce qui impliquait souvent de s'installer en ville. Et comme Reykjavik et ses environs constituaient de loin la plus grande agglomération, beaucoup de chercheurs d'emploi accompagnés de leurs familles s'y installèrent à cette époque.

Les changements brutaux sont un phénomène courant dans l'histoire de l'Islande, qu'il s'agisse d'événements naturels puissants, comme les éruptions volcaniques, ou d'interventions politiques radicales, comme la fixation des quotas de pêche. Tout le monde ne le prend pas forcément bien. Beaucoup se sentent déstabilisés, n'en peuvent plus, cela menace tellement l'équilibre des choses que cela entraîne parfois des crimes. Erlendur, toujours à la recherche du drame personnel derrière le crime, passe donc à l'action pour faire la lumière non seulement sur le crime commis, mais aussi sur toute l'histoire du coupable, comme de sa victime.

Remerciements

Pour leurs critiques avisées, leurs conseils, leurs corrections, leur soutien et leur patience, je remercie tout particulièrement Sabine Burger, Valgerður Benediktsdóttir, Mieke van Dommelen, Albrecht Ehmann, Holmfriður Mathiasdóttir et Bart Wessels. Leur contribution a été essentielle dans l'écriture et la réalisation de ce livre.

Kærar þakkir!

RÉALISATION : NORD COMPO À VILLENEUVE-D'ASCQ
IMPRESSION : MAURY IMPRIMEUR À MALESHERBES (45)
DÉPÔT LÉGAL : OCTOBRE 2020 - N° 146676-2 (260294)
IMPRIMÉ EN FRANCE